L'EMPIRE ROMAIN

PIERRE GRIMAL

L'EMPIRE ROMAIN

LE LIVRE DE POCHE

Les astérisques renvoient au glossaire historique en fin de volume.

INTRODUCTION

L'entité politique que nous désignons aujourd'hui sous le nom d'Empire romain est le cadre, géographique et juridique, à l'intérieur duquel s'est produite la plus prodigieuse mutation jamais advenue aux sociétés humaines, dont les conséquences de toute nature ne sont pas encore épuisées après plus de deux mille ans.

Ce terme d'Empire romain traduit tant bien que mal celui d'*imperium romanum*, qui, bien avant ce que nous appelons « l'Empire », et qui n'a commencé que vers la moitié du Ier siècle avant notre ère, servait à désigner non seulement l'espace à l'intérieur duquel Rome exerçait son pouvoir mais ce pouvoir lui-même.

Les sources du pouvoir

Le mot *imperium*, en raison des nombreuses connotations qu'il implique, se laisse malaisément traduire. Il n'est pas, comme notre mot « empire », indissolublement lié à l'idée de violence et de contrainte, bien qu'elle n'en soit pas absente, au moins à l'origine, et longtemps avant que se forme le régime politique « impérial », qu'il vaut mieux désigner sous l'appellation de principat, au moins en ses débuts. La notion exprimée par le mot *imperium* est vivante dans la mentalité romaine aussi haut que nous puissions remonter. Il désigne une force transcendante, à la fois créatrice et ordinatrice, capable d'agir sur le réel, de le rendre obéissant à une volonté. C'est ainsi que le maître d'un champ, qui arrache la terre de son domaine à la friche et fait surgir les moissons, ou encore élimine d'un pied de vigne les rameaux superflus et ne garde que les sarments sur lesquels se formeront les grappes, exerce son *imperium*. S'il y a contrainte, celle-ci est créatrice. Elle n'est pas à elle-même sa propre fin. L'*imperium* n'est jamais une tyrannie gratuite.

L'étymologie du mot est assez claire. On y trouve l'idée d'une mise en ordre, de préparatifs que l'on fait en vue d'une fin, que conçoit l'esprit de celui qui commande. Or, il est à Rome, depuis le temps des rois, un dieu qui possède au degré suprême cet « empire ». On lui rend un culte sous le nom de Jupiter, auquel sont indissolublement liées deux épithètes : celles de « Très secourable » ou « Très efficace » *(Optimus)* et de « Très grand » ou « Le plus grand » *(Maximus)*. C'est autour de lui, sous son regard, que s'ordonne la cité. Il réside sur le Capitole, le lieu-haut qui domine la vallée du Forum. Il est non seulement le symbole visible de l'État romain mais la puissance qui maintient l'unité de celui-ci et en garantit la vitalité. Il est le détenteur de l'*imperium*. Et ce pouvoir il le communique au Roi, qui entretient avec lui des rapports directs, grâce aux présages qu'il en reçoit, lorsqu'il l'interroge. Puis, lorsque l'armée de la cité a remporté une victoire, c'est à lui que ce même roi vient rendre grâce lors de la cérémonie du triomphe, revêtu du costume qui est celui même du dieu.

Lorsque les rois eurent été chassés de Rome, à la fin du VIe siècle avant J.-C. (en 509), les magistrats qui leur succédèrent conservèrent ce même pouvoir divin, cet *imperium* qu'ils étaient autorisés à demander au dieu lorsque le peuple les avait choisis. Le « peuple romain » possède la prééminence politique absolue, la *maiestas* – cette *maiestas* que, sous l'Empire, il déléguera au prince, sans jamais l'abdiquer, mais l'exercice du pouvoir est lié à l'*imperium*.

À côté de l'*imperium* existent les lois. Ce sont deux sources du pouvoir, parallèles entre elles et complémentaires. La loi, votée par le peuple, est une règle acceptée une fois pour toutes. Elle se réfère à des situations déterminées et impose des solutions. L'*imperium*, au contraire, fait face à l'imprévu. Il est vivant, modifiable et, si l'on veut, complémentaire de la loi. Mais il ne doit pas se substituer à celle-ci, dont l'autorité repose sur la *maiestas* du peuple.

Cette conception, qui remonte aux origines mêmes de l'État romain, était encore vivante au début de l'Empire. Elle est formulée et affirmée par Tibère, à propos d'une affaire survenue dans la huitième année de son règne (en 22 après J.-C.) : « Les droits, dit-il (c'est-à-dire les règles fixées par les lois), sont diminués chaque fois que s'accroît le pouvoir, et il ne faut pas recourir à l'*imperium* lorsqu'il est possible de décider selon les lois » (Tacite, *Annales,* III, 69).

La distinction, très stricte, et obstinément maintenue entre ce qui relève de l'*imperium* et ce qui relève des lois, était le fondement de la *Libertas**, le statut juridique qui distinguait l'homme libre de l'esclave. Les mots de Tibère le rappellent. La « liberté » des citoyens était en quelque sorte jalonnée, protégée par les *iura,* c'est-à-dire les différentes prescriptions juridiques contenues dans les lois, ainsi la reconnaissance aux quirites* (les citoyens de plein droit) du droit de posséder une fortune personnelle (ou patrimoniale), de la léguer, de contracter un mariage « légitime » – c'est-à-dire entraînant des conséquences légales –, l'assurance, aussi, de ne subir aucun châtiment corporel et de ne pas être envoyé en exil sans un jugement en bonne et due forme prononcé au nom du *populus*, de la cité dans son ensemble. Ces privilèges ne pouvaient être remis en question par aucun détenteur de l'*imperium*, du moins en temps de paix ou, lorsque la cité était en guerre, à l'intérieur de la Ville, en deçà du *pomerium*, l'enceinte religieuse, marquée par des bornes, établie autour d'elle.

Il existait donc un *imperium* civil, que possédaient les magistrats « supérieurs », les consuls* et les préteurs*, et qui se traduisait par des édits, où chacun d'eux annonçait les règles qu'il appliquerait dans l'exercice de sa charge. Cet usage sera suivi dans les provinces* lorsqu'un proconsul* ou un propréteur* (c'est-à-dire un consul ou un préteur prorogé dans sa charge pour cette mission particulière) aura pour tâche d'en assurer le gouvernement.

Dans la cité en guerre, l'*imperium* appartenait au magistrat chargé de conduire l'armée, mais il ne pouvait être exercé qu'en dehors du *pomerium*. Le citoyen « mobilisé », le quirite devenu *miles*, était entièrement soumis à la volonté de son chef. Il commençait, au début de la campagne, par lui prêter serment d'obéissance absolue, jusqu'à la mort. La conduite d'une campagne militaire exige que les soldats soient totalement soumis à leur chef, et celui-ci doit être à même d'inventer, à chaque moment, la réponse aux situations qui se présentent. Sa liberté d'action ne saurait donc être restreinte par des prescriptions juridiques *a priori*. Mais il y a plus. Au cours d'une guerre « juste » (c'est-à-dire déclarée selon les rites, en prenant à témoin le Jupiter du Capitole), le chef de la *legio*, de la *levée*, devient, comme autrefois le roi, le vicaire ou l'incarnation momentanée du dieu. Existe-t-il une limite à la volonté d'un dieu ?

Jamais le caractère sacré de l'*imperium* ne s'effacera. Une très ancienne coutume, restée vivante au cours des siècles, voulait que, une fois le combat terminé, les soldats qui venaient de vaincre acclament leur chef en lui donnant le titre d'*imperator*, que portait aussi Jupiter. Ce qui revenait à assimiler le mortel à l'immortel. Ce titre d'*imperator*, ainsi décerné par la voix de cette fraction du peuple qu'est la *legio*, devait être chaque fois confirmé par une décision du sénat. Il en résulte que tout magistrat exerçant un commandement militaire n'était pas, de ce fait même, consacré *imperator*. Il y fallait le charisme que, seule, confère la victoire, reconnu, proclamé par la voix unanime des soldats, leur volonté commune, où l'on voulait voir une inspiration venue des dieux, et d'abord de Jupiter.

Après la victoire de César à Munda, en Espagne, le 17 mars 45 avant J.-C., qui mettait fin à la résistance des derniers pompéiens, le sénat lui décerna, entre autres honneurs, le titre d'*imperator*, qu'il posséderait une fois pour toutes, comme un nom propre, caractérisant sa personne à jamais. Ce qui, ajoute Dion Cassius, qui rapporte ce fait (XLIII, 44), ne mit pas fin à l'usage antérieur, puisqu'à chaque victoire remportée au nom du prince, par un de ses *legati*, la même appellation – ce que nous appelons une « salutation impériale » – lui était renouvelée et venait s'ajouter à ses titres.

On voit la complexité des notions qu'expriment les

mots d'*imperium* et d'*imperator*, non seulement dans leurs applications pratiques, mais dans les associations qui leur sont attachées. À l'arrière-plan, jamais oubliée, une *aura* mystique, émanée d'un dieu, et renouvelée lorsque l'*imperator* le consulte en prenant les auspices. Parfois, comme le jour où Trajan fut solennellement adopté par Nerva (le 28 octobre 97 après J.-C.), le dieu se manifeste clairement et, en quelque sorte, investit lui-même le futur empereur. Mais, même si aucun miracle ne se produit, il n'en reste pas moins admis que le prince est mis au pouvoir par la volonté de Jupiter. Cette conception, qui remonte à la Rome archaïque et, probablement, aux Étrusques, se révéla particulièrement utile lorsque l'*imperium romanum* s'étendit aux pays de culture hellénique, où la monarchie était de règle et où, depuis Homère, la tradition allait répétant que les rois étaient « fils de Zeus ». Or, Zeus et Jupiter étaient considérés, par tout le monde, et de temps immémoriaux, comme identiques. Pour des rhéteurs, théoriciens des institutions politiques, comme Aelius Aristide ou Dion de Pruse (dit Chrysostome, Bouche d'or), contemporains de Trajan et d'Hadrien, l'extension de l'*imperium*, c'est-à-dire du pouvoir émané du Jupiter Capitolin, aux pays grecs ne faisait que retrouver une réalité vieille de plusieurs siècles. Dion aussi bien qu'Aristide ne se faisaient donc pas faute, dans leurs discours, d'en conclure à la légitimité du pouvoir romain.

L'empereur-dieu

La possession quasi automatique du titre d'*imperator* par le prince – le premier personnage de la cité, son « conducteur » et son « guide » – à partir de César puis d'Auguste lui conférait un prestige tout particulier, sinon celui d'une divinité du moins ce que l'on pourrait appeler une prédestination à devenir dieu, la reconnaissance, en lui, d'une nature déjà divine, ou surhumaine, qui s'affirmait au cours de sa vie, s'il ne laissait pas son pouvoir dégénérer en tyrannie, s'il faisait régner la justice, l'ordre et la paix à l'intérieur de l'Empire et à ses frontières. Lorsqu'il mourrait, un tel empereur serait regardé par tous comme un dieu. On lui décernerait les honneurs de l'apothéose*, qui le mettraient au nombre des divinités reconnues par la religion officielle. Il recevrait alors un culte, desservi par des prêtres spéciaux.

Le sénat, en reconnaissant à César le titre de « vainqueur perpétuel », ce que signifiait, en pratique, le nom d'*imperator*, fondait véritablement un régime nouveau, dont son petit-neveu, Octavien-Auguste, s'inspirera après sa propre victoire sur Antoine. Cette fondation se fit par un procédé inverse de celui qui, en 509 avant J.-C., avait installé la République. Les différentes fonctions jupitériennes, qui avaient été celles des rois, puis des consuls annuels se trouvèrent réunies, de nouveau, en un seul personnage, à la fois et perpétuellement chef de guerre et magistrat civil suprême, donc possédant simultanément l'*imperium* civil et l'*imperium* militaire.

La *Libertas*, fondée sur la distinction entre ces deux pouvoirs, était, en principe, sauvegardée. Les deux mondes, celui des quirites et celui des *milites*, n'étaient pas confondus. Ils n'en étaient pas moins soumis l'un et l'autre à une seule personne, dont il dépendait que leur séparation fût ou non respectée dans la pratique. Jusqu'à Tibère, il n'y eut, en fait, à l'intérieur de Rome, aucune troupe militaire placée sous les ordres directs du prince. Mais la menace existait et, après Auguste, elle se précisa lorsque fut édifié le camp des prétoriens, au voisinage immédiat de la Ville.

Les magistratures civiles, d'autre part, subsistaient. L'*imperator* lui-même revêtait le consulat, avec un collègue, comme le voulait la règle républicaine, mais, contrairement à elle, le prolongeait souvent pendant plusieurs années. César, entre autres privilèges, après sa victoire en Espagne, avait reçu le consulat pour dix ans. Auguste sera lui aussi consul, sans interruption, de 31 à 23 avant J.-C. Du sénat, César reçut la sacro-sainteté* des tribuns de la plèbe. Il en fut de même pour Auguste. Ce maintien des magistratures ne dissimule pas le fait que César, comme Auguste, réglait en pratique toutes les affaires avec l'aide d'un groupe d'amis.

César, ainsi comblé d'honneurs et de pouvoir par le sénat, souhaita, sans aucun doute, y ajouter le titre de roi.

Un oracle n'avait-il pas révélé que seul un roi pourrait vaincre les Parthes, contre lesquels il préparait une expédition qui devait ajouter leurs territoires à l'Empire ? Lui-même avait pu mesurer en Égypte l'efficacité politique d'une monarchie dont les différentes institutions avaient été admirées, voire imitées par les Romains. En Égypte, le roi, successeur des pharaons, était divinisé. César l'était déjà plus qu'à moitié. La tentation était irrésistible. Le sénat et même une grande partie du peuple de Rome étaient prêts à y consentir. Un groupe de sénateurs, des aristocrates, sensibles à ce que leur enlèverait la présence d'un roi à la tête de l'État, parvint à abattre le « tyran » aux Ides* de mars 44. Il fallut une quinzaine d'années pour qu'Auguste pût recommencer l'aventure et la réussir. Le « nouveau régime s'installa » mais, cette fois, sans qu'il fût question de donner à l'*imperator* le nom de « roi ».

Pourquoi Auguste réussit-il là où César avait échoué ? Il le dut, peut-être, à son habileté personnelle, qui sut graduer les étapes, peut-être aussi à celle de ses amis et conseillers, Agrippa, Mécène, le premier comme son lieutenant aux armées, le second en organisant sa propagande. Mais ces raisons ne convainquent guère, la seconde, surtout. Virgile avait chanté César et le futur Auguste en les divinisant avant que l'on pût imaginer ce que serait le régime futur. Les *Bucoliques* n'apportaient qu'un rêve de bonheur et de paix. Ce n'était pas encore la *pax Augusta*. Il fallut que s'y ajoutent des circonstances favorables, et, d'abord, la lassitude que provoquaient les interminables guerres civiles, l'impression que Rome était en train de gaspiller ses forces, au lieu de poursuivre sa mission « jupitérienne » – sentiment que Lucain exprimera au début de la *Pharsale* sous le règne de Néron. D'autre part, l'aristocratie romaine, le « club » des hommes qui, autrefois, se partageaient le pouvoir et les profits, ceux qui avaient abattu César, avait en partie péri sur les champs de bataille de la guerre civile : à Pharsale, d'abord, puis pendant les opérations navales contre Sextus Pompée, enfin dans l'armée d'Antoine. Et, d'autre part, les survivants avaient perdu l'espoir. Il y eut bien, contre Octave, avant l'établissement définitif du régime, et encore après, des tentatives pour abattre le nouveau maître, mouvements sporadiques, que ne soutenait pas l'opinion. Toutes échouèrent. Et, le souvenir de la *libera respublica* devenant de plus en plus lointain, personne, chaque fois qu'un changement de prince eût, peut-être, rendu possible un retour aux anciennes institutions, ne se soucia sérieusement de les restaurer.

L'imperium romanum

L'évolution de la vie politique qui se produisit de la sorte après la victoire d'Auguste ne modifia pas fondamentalement la conception de l'*imperium romanum*. Elle en dégagea, au contraire, les implications profondes, et là, peut-être, se trouvent les raisons qui en expliquent le succès.

Nous avons dit que cet *imperium*, cet « empire », était ressenti comme une mise en ordre voulue et garantie par le dieu du Capitole. À ce dieu suprême sont indissolublement liées des valeurs morales et, finalement, métaphysiques, qui conditionnent non seulement les conduites personnelles mais toute la politique de la cité. L'ordre voulu par le dieu, imposé par son *imperium*, a été établi une fois pour toutes. Il le faut immuable. C'est sans doute la raison pour laquelle, auprès du temple capitolin, se trouve un sanctuaire dédié à Dius Fidius, le « Jupiter du Serment », patron de la Bonne Foi, la fidélité à la foi jurée. C'est lui qui assure la durée d'un état de l'univers fixé une fois pour toutes. Mais, et c'est là une innovation majeure et une originalité profonde de l'esprit romain, cet état de l'univers n'est pas le résultat de la violence que ferait durer la force des vainqueurs, il naît de la parole donnée, d'un engagement pris une fois pour toutes, aussi bien par les citoyens eux-mêmes entre eux que par les peuples voisins à l'égard de Rome, par lequel les uns et les autres renoncent à la violence. Paradoxalement, l'*imperium romanum* exprime une volonté de paix. Qu'il entre dans cette religion du serment quelque hypocrisie, que la parole ait été donnée sous la contrainte, cela n'est pas douteux, mais n'empêche pas que la fin voulue par

Rome est l'établissement d'un ordre idéalement pacifique, non pas l'anéantissement du vaincu, ou sa spoliation, mais sa coexistence avec Rome, sa survie dans le cadre de ses propres lois, autant que celles-ci ne sont pas incompatibles avec la « paix romaine ».

Cette volonté, primordiale, de créer un ordre stable, se manifeste aussi, encore, au Capitole. Dans le temple même de Jupiter siège une autre divinité, qui passe même pour avoir été installée en cet endroit avant le dieu de l'*imperium*. Cette divinité, conçue comme une force masculine, est le dieu Terminus*, représenté par une borne, un cippe. Il garantit un aspect particulier, mais de la plus grande importance pour une société qui abandonne l'élevage pour la culture des champs, de la stabilité des choses, en l'occurrence celle des limites établies entre les domaines appartenant à tel ou tel groupe de citoyens mais aussi entre les cités et entre le laïc et le sacré. Terminus sacralise un état de l'univers que Jupiter veut immuable et le soustrait à l'arbitraire humain.

L'imperium et les rois

Dieu du ciel lumineux, Jupiter, qui pose son regard sur la cité puis, au-delà, sur l'univers entier, est aisément conçu comme étendant son pouvoir, et donc son action, sur tout ce qui existe, sans aucune limite. L'*imperium romanum* ne connaît pas de frontières. De progrès en progrès, il tend à embrasser le monde habité, ce qui lui donne la prééminence sur tous les peuples. Auguste, dans son testament politique, ou plutôt le bilan de son action, les *Res Gestae** (la longue inscription provenant d'Ancyre [Ankara]), rappelle à plusieurs reprises qu'il a « conduit devant son char », au cours de ses triomphes, neuf rois ou fils de rois, qu'à plusieurs reprises il a donné des rois à l'Arménie, recueilli et rétabli des rois fugitifs, chassés par leurs sujets, en Orient, en Bretagne, chez les Germains, reçu la visite de princes originaires des pays les plus lointains qui venaient, non seulement à Rome mais au cours de ses voyages dans les provinces, lui rendre spontanément hommage.

Ainsi se forme une conception nouvelle, celle d'un Empire qui s'élève au-dessus des rois, les reçoit en sa *fides* (le mot est employé par Auguste à ce propos) et, par conséquent, les protège. Suétone parle de « rois clients », terme révélateur : c'est, avec l'Empire naissant, l'organisation traditionnelle de la société romaine, avec ses « patrons » et ses « clients » qui est en train de conquérir le monde. Conquête pacifique, qui n'est pas le résultat d'une victoire obtenue par les armes, mais la reconnaissance d'un prestige propre aux Romains. Telle est du moins l'impression que veulent donner de la grande mutation qui s'opère et les historiens anciens et Auguste lui-même. Il est important, pour celui-ci et les « amis » qui l'entourent, de mettre en pleine lumière le fait que l'*imperium romanum* est tout autre chose qu'un État soumis à un roi, que le prince qui en est le « guide » (tel est le sens véritable de *princeps*, le titre que se donne à lui-même Auguste, dans les *Res Gestae*, à trois reprises) n'est ni un *rex* ni un « basileus », qu'il ne ressemble aucunement aux diadoques, successeurs d'Alexandre en Macédoine, en Syrie, en Asie et ailleurs, qu'il n'est point, comme eux, seul détenteur du pouvoir, mais que celui-ci continue d'appartenir à l'ensemble du *populus romanus*, dont la *maiestas* demeure intacte. Une fois cette distinction établie, il devenait évident, pour l'opinion, que le vainqueur d'Antoine ne tombait pas sous le coup de la malédiction plusieurs fois séculaire qui, à Rome, frappait le nom de « roi » et dont la transgression avait provoqué ou permis l'assassinat de César.

La distinction établie alors entre royauté et principat est loin d'être seulement verbale. Ce n'est pas une habileté de propagande imaginée arbitrairement par un ambitieux. Elle répond à une réalité, enracinée dans l'esprit romain, qui dépasse de beaucoup ce que pouvait concevoir l'opportunisme d'un homme, même conseillé par des amis inventifs. Il y avait déjà longtemps qu'un *imperator* romain apparaissait à tous comme infiniment au-dessus des rois. Déjà, à la fin du IIIe siècle avant J.-C., Scipion Émilien refusait le titre royal que lui offraient les Espagnols, en leur répondant qu'un consul de Rome n'avait rien de commun avec un roi. Moins d'un demi-siècle plus tard, lorsque le roi de Cyrène, un Ptolémée, demandait à Cornelia, la mère des Gracques, de devenir sa femme, elle refusa avec mépris. Une matrone romaine, une Cornelia, ne pouvait s'abaisser jusqu'à devenir reine.

Cette « supériorité » ne venait pas du fait qu'une Romaine appartenait à une cité ou un État plus puissant que celui de Cyrène. Elle était d'ordre purement moral. Elle résultait du fait que tous les citoyens romains, et leurs femmes et leurs filles étaient des êtres libres, ne reconnaissant que le pouvoir des lois. Ils n'étaient pas, non plus, soumis à l'autorité d'un seul homme, mais obéissaient, au-delà encore des lois, aux impératifs de Jupiter, toujours à l'arrière-plan de cette idéologie impériale qui, naturellement, ne va pas sans orgueil. Mais elle suffisait à établir, avec la plus grande clarté, et comme une évidence incontestable, qu'un citoyen romain est « supérieur » à un roi. Aussi, lorsque les rois, un peu partout, dans le monde, reconnaissaient le « guide » de Rome comme leur *patronus* et, pourrait-on dire, non sans anachronisme, leur « suzerain », il devenait impensable de le considérer seulement comme l'un d'entre eux. L'idée d'Empire était désormais indépendante de toute royauté. Elle constituait une réalité autonome, inventée par Rome et destinée à vivre de sa vie propre.

Cette conception, qui plaçait l'empereur au-dessus des rois, au nom d'une idéologie déterminée, était destinée à traverser l'histoire. On sait, par exemple que, pendant tout le Moyen Âge, l'Empire – devenu Germanique et Saint – prétendra régenter les « royaumes ». Puis, lorsque la Révolution française aura interrompu, avec l'exécution de Louis XVI, la continuité du royaume de France, apparut l'impossibilité de revenir purement et simplement au passé en effaçant les apports de l'idéologie révolutionnaire et républicaine. Il fallait leur trouver un nouveau support politique. L'idée d'Empire la fournit. Elle permettait de grouper, comme à l'intérieur de l'Empire romain, plusieurs royaumes vassaux, se réclamant des mêmes principes. L'analogie avec Rome s'imposait d'autant plus que l'Empire français avait conquis par les armes sa place en Europe. Et, comme dans le monde romain, ce que cet Empire apportait (du moins était-ce la doctrine avouée) était la Liberté, fondée sur les lois, elles-mêmes inspirées du droit romain.

Le principat ne saurait donc être considéré comme une monarchie qui n'osait pas dire son nom. Il apporta une solution originale, acceptable par la quasi-totalité des citoyens, à tous les problèmes que posait l'extension démesurée de l'*imperium romanum,* qui s'était produite depuis au moins deux siècles. Cette solution fut imaginée en harmonie avec l'idéologie romaine traditionnelle, impliquée par l'idée même d'*imperium*, ce qui explique la durée et la solidité de cet Empire, même si, au cours des siècles et de règne en règne, l'esprit qui l'anima en son début connut des éclipses et finalement s'éteignit.

CHAPITRE I

LE MONDE ROMAIN À LA FIN DE LA RÉPUBLIQUE

L'occupation du monde

Lorsque va s'installer le principat, l'une des ambitions des Romains, surgie chez eux quelque deux siècles plus tôt et affirmée obstinément depuis lors, l'extension de leur *imperium* à l'ensemble des terres habitées, est en train de s'accomplir. La Sicile avait été la première province*, créée après la première victoire sur Carthage, en 241 avant J.-C., et déjà on apercevait ce que serait l'Empire. Presque toute l'île était directement soumise à l'*imperium* d'un préteur* romain, mais le royaume de Hiéron II, autrefois « tyran » de Syracuse et devenu roi, de sa propre autorité, restait un territoire allié. Rome ne pouvait annexer purement et simplement le domaine d'un roi qui avait favorisé ses armes. Cette installation « nuancée » des Romains en Sicile illustre, avec plus de deux siècles d'avance, la célèbre formule de Virgile, selon laquelle Rome détruisait les « orgueilleux » mais pardonnait à qui se soumettait. Hiéron II avait fait plus que se soumettre, il avait été un allié fidèle. Il n'en devenait pas moins, en fait, un « roi vassal ».

Les pays de l'Italie septentrionale, occupés avant la guerre d'Hannibal, puis perdus pendant les premières années de celle-ci, sont récupérés dès qu'il devient possible d'y installer des colonies. Celles-ci constituent une autre forme d'annexion. Les colons, citoyens romains, reçoivent les terres formant le territoire de la ville indigène à laquelle se substitue la fondation romaine. C'est une image de Rome qui est ainsi implantée sur une terre jusque-là étrangère.

La Grèce et l'Orient

La victoire sur Hannibal eut comme conséquence un véritable « protectorat » romain établi sur les cités grecques à l'est de l'Adriatique. Celle-ci et la mer Ionienne devenaient un « lac romain », à partir du moment où, en 197, le roi Philippe V de Macédoine dut s'effacer devant Rome et lui abandonner la prééminence qui, jusque-là, lui appartenait sur les pays de la Grèce d'Europe. Moins de trente ans plus tard, c'est son royaume lui-même qui cessa d'exister le jour où Paul-Émile défit, à Pydna (22 juin 168 avant J.-C.), l'armée de Persée, le fils de Philippe V. Les pays qui formaient son royaume furent soumis à différents régimes. Une partie seulement fut incluse dans la province d'Achaïe, c'est-à-dire la Grèce continentale. À partir de ce moment, celle-ci, avec ses prolongements vers le nord, se trouva, sous une forme ou sous une autre, incluse dans l'*imperium*.

Mais déjà Rome faisait sentir sa puissance en Asie. Le royaume des Séleucides, qui s'étendait depuis la Syrie jusqu'aux rives de l'Euphrate, était en proie à de graves difficultés intérieures, attisées par l'Égypte. Humiliée après la défaite que les Romains avaient infligée au roi Antiochos III, en janvier 189, à Magnésie du Sipyle, la dynastie issue de Séleucos, l'un des « maréchaux » d'Alexandre, était dès lors à la merci de toute tentative que pourraient faire les Romains pour la déposséder. Mais le sursis dura un siècle.

En Asie Mineure, le roi de Pergame, Attale III, comprit parfaitement la menace qui pesait sur son domaine, à lui aussi. S'appuyant sur d'anciennes légendes selon lesquelles les Romains étaient originaires de Phrygie, il fit amitié avec eux et, à sa mort, en 133, leur légua son royaume, de son propre mouvement, par un testament en bonne et due forme.

Des royaumes issus de l'Empire d'Alexandre il ne restait, intact et suffisamment fort pour espérer survivre, que celui des Lagides, l'Égypte, domaine de la dynastie des Ptolémées, à l'abri derrière ses déserts. Il ne devait être soumis à Rome que par Octave, après la défaite d'Antoine en 30 avant J.-C., mais dans des conditions telles que sa civilisation plusieurs fois millénaire et les structures administratives et économiques qui lui étaient propres devaient survivre encore longtemps et constituèrent dans l'Empire une sorte de corps étranger dont l'exemple ne fut pas sans influence à certains moments. Le royaume de Pergame avait été purement et simplement annexé. Il était devenu la « province d'Asie ». L'Égypte reçut un régime différent. Ce fut une « préfecture », gouvernée au nom du prince par un préfet, un « chevalier », et il était interdit à tout sénateur de pénétrer dans ce pays sans une autorisation expresse du prince. Telle était la souplesse avec laquelle, au cours des temps les Romains avaient construit leur *imperium*, en fonction de la condition propre à chaque peuple qu'ils y intégraient et de son histoire, usant d'un total pragmatisme et sans se préoccuper jamais d'appliquer partout le même schéma. Au terme des opérations menées en Orient, et si l'on met à part le rivage qui s'étend du delta du Nil aux côtes de Cyrénaïque, tout le bassin de la Méditerranée orientale était devenu un lac romain ou le deviendrait dès que Rome déciderait d'annexer la Syrie et le sud de l'Asie Mineure, avec la Cilicie (ce qui se produisit vers l'année 100, pour ce dernier pays qui forma dès lors une province). L'annexion de la Syrie fut réalisée par Pompée, en 64, une décennie avant la fin de la République.

L'Occident

Pendant que se poursuivait ainsi la conquête des pays d'Orient, la progression de Rome vers l'Occident n'avait pas cessé. Là s'étendait la domination de Carthage, immense zone d'influence commerciale plutôt que pouvoir politique structuré. Les marchands puniques y étaient en relations constantes avec les populations, considérées comme barbares, d'Afrique et d'Espagne. Après la seconde Guerre punique (219-202 avant J.-C.), les Romains les supplantèrent dans toutes ces régions. En

Afrique, ils se firent les « protecteurs » du roi numide Massinissa, ce qui finit par amener un conflit entre celui-ci et Carthage, prétexte pour les Romains à engager contre leur vieille ennemie une troisième guerre, décisive celle-là puisqu'elle se termina, en 149, par la destruction de la ville et la formation d'une province romaine, la future Afrique proconsulaire (à peu près la Tunisie actuelle). En même temps, le royaume numide entrait dans la sphère d'influence romaine. Massinissa était, officiellement, « ami des Romains ».

Restait l'Espagne, où Scipion, le premier Africain, avait créé une province, en 206. Bientôt il devint nécessaire de la diviser en deux, et il y eut ainsi une Espagne citérieure (au nord de la péninsule) et une Espagne ultérieure (qui correspond à l'Andalousie). Ces provinces, tournées vers la Méditerranée, laissaient en dehors d'elles le centre et l'ouest de la péninsule, qui restèrent longtemps zones insoumises. Mais les pays effectivement occupés par les Romains furent rapidement romanisés et accueillirent de nombreux Italiens. Pendant les premiers siècles du principat, les villes qui furent fondées alors devinrent et restèrent des foyers de culture très actifs et par la suite donnèrent à Rome des empereurs.

Prolongement naturel de l'occupation et de la colonisation des pays espagnols, la « pacification » des pays barbares à travers lesquels devaient passer les communications entre l'Italie et l'Espagne fut poursuivie pendant le dernier tiers du IIe siècle avant J.-C. Elle se termina avec la construction de la *via Domitia,* des Pyrénées au Rhône et la fondation de la colonie de Narbo Martius (Narbonne) en 118 avant J.-C.

La condition des personnes

Ainsi, vers la fin de ce siècle, l'*imperium* se présente comme un système, assez peu cohérent mais efficace, dans lequel s'intègrent des peuples très différents les uns des autres, par leur sociologie, leur culture, leur organisation politique. Une unité véritable naîtra du cadre provincial et, bientôt, d'un « esprit romain », auquel n'échapperont pas, à la longue, même les provinces de culture grecque.

À l'intérieur de l'*imperium,* le statut des personnes et celui des cités varient considérablement. Au sommet de la hiérarchie les citoyens de plein droit, vivant à Rome ou dans les colonies. Puis viennent les citoyens de droit latin qui possèdent seulement certains des privilèges appartenant aux premiers. Il y a, enfin, les pérégrins *(peregrini),* considérés comme des étrangers mais qui ne sont pas, pour autant, des « hors-la-loi ». Parmi les cités, les unes sont totalement romaines, les colonies, et sont des fondations nouvelles ou des refondations. D'autres existaient avant la venue des conquérants. Ce sont les municipes*. Ils ont leurs magistrats propres, issus de la tradition nationale mais, peu à peu, leur aristocratie s'assimile à celle de Rome.

Dans les provinces les colonies de droit romain se sont multipliées, mais il y existe aussi beaucoup de cités dites « libres ». La fiction veut que Rome les ait libérées des sujétions anciennes que leur imposaient, par exemple, des rois. Il en allait ainsi, naturellement, surtout dans le monde grec. Ces cités jouissaient d'une autonomie théorique, limitée, en fait, par les comptes qu'elles devaient rendre aux représentants du pouvoir romain. Et, naturellement, elles payaient l'impôt à Rome et leur politique extérieure était contrôlée de très près.

Quant aux peuples eux-mêmes, les uns sont considérés comme des « alliés » de Rome *(socii),* d'autres sont des *foederati,* ainsi appelés parce que, à l'origine, ils avaient conclu un traité *(foedus)* avec les Romains. Lorsqu'un peuple avait été vaincu et s'était rendu à merci, il devenait *dediticius* et en principe n'était qu'un sujet des Romains. Mais, peu à peu, cette catégorie inférieure était devenue de moins en moins représentée, sinon en Égypte, où elle dura plus longtemps, en raison de la situation faite à cette préfecture, mise à part de la citoyenneté romaine.

Pourquoi l'Empire ?

On s'est souvent interrogé sur les motifs qui avaient poussé les Romains à rassembler ainsi, sous leur *imperium*, des peuples aussi divers, que leur diversité même rendait difficiles à administrer et qui ne pouvaient être inclus dans un cadre juridique unique, applicable à tous. Plusieurs mobiles ont certainement joué un rôle, outre l'instinct de domination pur et simple. D'abord ce que l'on pourrait appeler une hantise obsidionale. Le Latium, canton aux dimensions restreintes de l'Italie centrale, devait assurer sa sécurité en face de populations diverses, descendues de l'Apennin ou d'Étrurie. Les rois, puis les consuls devaient repousser aussi loin que possible ces voisins indésirables. Lorsqu'il ne s'agit plus de l'Italie, mais d'un cadre plus vaste, le même sentiment demeura. Cela explique, par exemple, que le sénat, après la seconde Guerre punique, ait cherché à empêcher la formation, déjà amorcée, d'une alliance entre Carthage et la Macédoine. Mais ce désir de sécurité, cette crainte de l'encerclement, qui n'avait pas disparu au temps de Mithridate (entre 88 et 43 avant J.-C.), comme nous allons le voir, n'expliquent pas tout. Il y avait aussi chez les Romains, enorgueillis par leurs premières victoires, un sentiment « impérial », fondé sur la conscience de leur supériorité morale, à laquelle ils attribuaient leurs succès.

À cet égard, un tel sentiment se justifiait chaque fois que l'ennemi avait été un « barbare », éloigné, dans sa façon de vivre, des principes et des valeurs romaines. Un général romain, mettant fin à des rites comme celui des sacrifices humains, en Gaule ou ailleurs, pouvait avoir légitimement la conviction de « civiliser » le pays où il introduisait l'ordre romain. À Carthage, les Romains interdirent les sacrifices d'enfants. L'*imperium* allait dans le sens de l'*humanitas**. Ce n'est assurément pas là le mobile premier de la conquête, mais, à un certain moment, il en deviendra la justification. Ce sentiment apparaît clairement au début du principat.

Mais il ne pouvait guère s'appliquer qu'aux peuples barbares, essentiellement aux provinces occidentales et, en Orient, à quelques-uns que l'hellénisme n'avait pas touchés. Dans les pays hellénisés, au contraire, c'était Rome qui pouvait faire figure de barbare. Ce terme lui est appliqué bien souvent depuis les premiers contacts directs. Il figure chez Plaute et se rapporte seulement à la différence des langues. De tout temps les Romains ont admiré la civilisation grecque et s'en sont inspirés, sur certains points bien précis : le théâtre, la sculpture, l'architecture. Un sentiment assez général les portait à considérer qu'ils étaient eux-mêmes « parents » des Grecs, à la différence des Carthaginois, qui leur étaient étrangers, aux uns et aux autres. En Sicile, en Italie méridionale, en Illyrie, les Romains apparurent très tôt comme les « protecteurs » des Grecs, ce qui est, nous l'avons vu, un premier pas vers l'intégration dans l'*imperium*, à partir du moment où la protection s'exprime par la conclusion d'une alliance, la signature d'un traité. Rome s'était substituée aux rois mais répugnait à laisser les cités, livrées à elles-mêmes, se faire la guerre les unes aux autres, s'asservir mutuellement, au gré des luttes sociales qui les déchiraient. L'une des valeurs « jupitériennes » essentielles est l'établissement d'un État de droit et d'un ordre politique stable. L'intervention de Rome en Péloponnèse, par exemple, dans les affaires de la Ligue achéenne* s'explique par les troubles sociaux qui la déchiraient. Elle aboutit à la prise et à la destruction de Corinthe, qui eut lieu en 146, peu après celle de Carthage.

On voit que cette « protection » de Rome ne se faisait pas sans rudesse. Les trésors artistiques de Corinthe furent pillés, emportés à Rome. Les cités grecques n'existaient plus comme « États de droit », même si elles conservaient leur autonomie municipale. Elles subsistaient pourtant et elles échappaient à la décadence qui les menaçait. À la fin de la République elles étaient devenues des centres de culture où les jeunes Romains allaient chercher la connaissance et la pratique de la rhétorique et de la philosophie. Une lettre célèbre de Cicéron à son frère Quintus, appelé à gouverner l'Asie, résume le sentiment des Romains envers ces pays de très ancienne civilisation, berceau de l'*humanitas*, envers qui les « conquérants », ou plutôt les « suzerains » avaient une immense dette de reconnaissance.

L'argent

Cette omniprésence de Rome dans le bassin méditerranéen entraînait des conséquences économiques considérables. Rome devenait le centre vers lequel affluaient les richesses : métaux des mines espagnoles, blé d'Afrique, esclaves venus de Gaule ou achetés dans l'Orient barbare. Les impôts exigés des cités soumises à l'*imperium* étaient si considérables que, dès 168, après Pydna, les citoyens romains n'eurent plus à payer d'impôt direct. Mais il serait certainement exagéré de prétendre que l'enrichissement fut l'un des mobiles premiers de la conquête. Il en fut le résultat, non la cause. Au temps d'Hannibal, les Romains ne pratiquent guère le commerce maritime. Celui-ci est entre les mains, outre les Carthaginois et les navigateurs grecs, des cités italiennes « alliées ». C'est pour protéger les marchands italiens que les Romains, plusieurs années avant le conflit avec Carthage, intervinrent en Dalmatie, entre 230 et 219. Puis, à mesure que s'étendait l'influence politique de l'*imperium*, le réseau commercial devenait de plus en plus dense. Les aristocrates romains jouent le rôle de banquiers auprès des cités grecques, généralement fort dépourvues de capitaux, souvent, s'il faut en croire Polybe, en raison de leur mauvaise administration, voire des malversations auxquelles se livrent leurs dirigeants. Les taux d'intérêt sont considérables, à la mesure des risques courus.

Parallèlement à cette exploitation financière de l'Empire par des particuliers, s'étaient mises en place, vers le IIe siècle avant J.-C., des sociétés par actions, qui avaient pour fin d'assurer l'administration des revenus de l'État, que des magistrats annuels, dans les provinces (les propréteurs*), pouvaient difficilement prendre directement en charge. Ce sont ces sociétés de publicains, organisées de façon méthodique, avec des employés (en général des affranchis, voire des esclaves) installés à Rome et dans les villes de province. Elles possèdent leurs propres moyens de communication et permettent sans difficulté les virements bancaires. Ces sociétés prennent à ferme la perception des impôts, directs et indirects, versent au trésor public *(aerarium Saturni)* des sommes convenues à l'avance dans leur contrat et répartissent le surplus entre leurs actionnaires. Un tel système (peut-être inspiré de l'administration mise en place par les Ptolémées en Égypte) donnait évidemment lieu à toutes sortes d'abus, dont souffraient les provinciaux, mais aussi l'État romain. Avec l'établissement du principat le problème des finances exigera des solutions nouvelles, mais, à la fin de la République, l'espace inclus dans l'*imperium romanum* est traversé par des courants économiques intenses, dont les citoyens romains ne sont pas les seuls bénéficiaires. La plupart des négociants qui trafiquent à Délos (devenu « port franc ») et tiennent dans la Méditerranée orientale la place qui avait été longtemps occupée par les Rhodiens, sont des *Itali*, non des Romains. Les profits ne sont pas le monopole des aristocrates romains. Les provinciaux en ont leur part. Aussi ne seront-ils pas systématiquement hostiles au pouvoir romain. La prospérité économique, si elle n'a pas été un objectif de la conquête, est assurément une cause qui tend à maintenir le système.

La gloire

Il faut compter aussi avec l'ambition des grands personnages qui détiennent les magistratures et sont avides de gloire. Scipion, le vainqueur d'Hannibal à Zama (202), avait, nous l'avons dit, refusé le titre de « roi », mais aux Espagnols qui le lui offraient il avait répondu qu'il consentait à ce que l'on dît qu'il avait « l'âme royale ». Les Romains sont, pensent-ils, « supérieurs aux rois ». Qu'en sera-t-il donc de ceux d'entre eux dont la carrière n'est qu'une longue victoire ? Consacrés *imperatores* par leurs soldats, ils parviennent à un degré de gloire qui les élève fort au-dessus de leurs concitoyens. Il est naturel que, génération après génération, des personnages issus des grandes familles aspirent à les imiter. Il en vient à se former une classe de conquérants, toujours prêts à s'engager en quelque aventure. Le peuple résiste parfois, mais la volonté impériale finit par l'emporter. Dans l'extension de l'Empire les ambitions personnelles ont joué un rôle, comme le montrent les deux dernières grandes conquêtes de la République : celle de Pompée, en Orient, et celle de César en Occident.

En Orient, tout avait commencé par la rivalité qui opposa le roi du Pont, Mithridate, et celui de Bithynie, Nicomède, qui tentèrent, l'un et l'autre, d'occuper la Cappadoce, tombée en déshérence. Les Romains se déclarèrent contre Mithridate (en 88 avant J.-C.) et ce fut le début d'une longue suite de guerres. Mithridate prit l'offensive, massacra les Romains et les *Itali* qui se trouvaient en Asie et entreprit d'expulser tous les Romains des pays hellénisés. Athènes se déclara pour lui. Le propréteur romain, chargé de la guerre, Cornelius Sulla, prit la ville, après un long siège, en 86 puis, ayant décidé de s'emparer du pouvoir à Rome même, conclut avec Mithridate une paix hâtive et débarqua en Italie, où il déclencha une guerre civile, se posant en champion de l'aristocratie que menaçaient les *populares*, héritiers des Gracques en 82. Rome est déchirée et il semble que son *imperium* soit appelé à s'effondrer. De nouveau s'éveille la hantise de l'encerclement. Des accords sont conclus entre des ennemis surgis un peu partout : esclaves révoltés, colons provinciaux qui, en Espagne, font sécession par hostilité envers l'aristocratie, pirates, surtout, qui interrompent les liaisons maritimes, enlèvent les personnes pour en faire des esclaves et établissent une sorte de coordination entre les ennemis de Rome. Contre ces dangers, toujours renaissants, le sénat finit par consentir, non sans mal, à créer un commandement unique en 67, qui fut confié à Pompée, ancien lieutenant de Sulla. Pompée ne se contenta pas de réduire les ennemis qui menaçaient l'*imperium*, de vaincre les pirates et de contraindre Mithridate au suicide, il agrandit l'Empire, annexa les royaumes du Pont et de Bithynie, qui devinrent une province, chassa les Séleucides de leur royaume dont il fit la province de Syrie. Il s'arrêta à la frontière de l'Égypte, pays depuis longtemps ami de Rome. Mais la tentation était forte. Quatre ans après son retour à Rome, en 62, les émeutes et les troubles qui obligèrent le roi Ptolémée Aulète à fuir son pays et se réfugier à Rome semblèrent fournir le prétexte à une intervention romaine qui eût, en rétablissant le roi, fait de celui-ci un vassal. Mais les sénateurs s'y opposèrent obstinément, alléguant des obstacles religieux, probablement pour limiter les succès de Pompée. L'Égypte resta donc indépendante. Ce qui n'était pas contraire aux objectifs de la guerre confiée à Pompée, puisque l'encerclement de Rome était définitivement brisé et que l'Égypte n'avait jamais compté parmi les agresseurs.

Pompée fut profondément déçu. Considérait-il qu'on l'avait frustré d'une partie de sa gloire ? Il avait inclus dans l'*imperium* l'ensemble des pays autrefois conquis par Alexandre, sauf ce qui était occupé par le royaume parthe et celui des Ptolémées. Il avait poussé des reconnaissances, dans le Caucase, en direction de l'Orient. Rome était en chemin vers les limites les plus extrêmes du monde, le pays où, au bord de ce disque qu'est la Terre, l'*orbis terrarum*, le Soleil, chaque matin, lance son char dans le ciel. L'angoisse obsidionale dépassée, c'était le mirage d'un Empire universel qui s'emparait des esprits. Ce mirage, en puissance dans la religion jupitérienne, semble avoir pris une actualité nouvelle dans cet Orient, où, autrefois, deux royaumes – sans compter l'Empire d'Alexandre –, celui des pharaons et celui des Perses, avaient affirmé leur ambition, et leur droit, à s'étendre jusqu'aux limites des terres éclairées par le soleil. Cette ambition, Rome n'avait-elle pas vocation à la réaliser ?

L'Empire de César

Trois ans à peine après le retour de Pompée à Rome, César, devenu consul en 59 et ayant conclu avec le vainqueur de l'Orient une alliance secrète, entreprenait de soumettre à l'*imperium* romain l'autre moitié du monde, les pays qui s'étendent jusqu'au rivage de l'Océan, où le soleil, chaque soir, disparaît, au-delà de l'horizon. Une grande partie du sénat avait tenté de mettre obstacle à cette entreprise, et César avait dû recourir directement à l'assemblée populaire pour obtenir les pouvoirs nécessaires à sa réalisation. Bientôt, prenant comme prétexte que la migration des Helvètes qui, de la Suisse actuelle, envisageaient de rejoindre le pays des Santons (la Saintonge actuelle) constituait un danger pour la province romaine de Gaule narbonnaise, César intervient, leur barre la route et les contraint à retourner chez eux, puis il se met au service d'un peuple depuis longtemps « ami » des Romains, les Éduens, que menaçaient aussi les Germains du roi Arioviste, et remporte sur celui-ci une victoire décisive. C'est la seconde fois, après la descente des Cimbres et des Teutons, un demi-siècle plus tôt, que s'affrontent les Germains et les légions* romaines.

Au cours des années suivantes, César, profitant des dissensions qui divisaient les cités gauloises, étend l'autorité romaine sur la plupart d'entre elles, depuis l'Aquitaine jusqu'au Rhin. Il avait atteint les rivages de l'Océan et égalé, vers l'ouest, les exploits de Pompée en Orient. Une révolte conduite par Vercingétorix, désireux de rétablir à son profit l'ancien royaume des Arvernes, les conquérants celtes, fut réduite en deux campagnes. Son échec (à Alésia en 52) mit fin à l'indépendance des cités gauloises ainsi qu'à leurs querelles.

L'*imperium* romain s'étend désormais du Levant au Couchant, avec toutefois quelques lacunes. Des îlots d'insoumis résistent, en Espagne par exemple, le long de l'Océan, et en pays gaulois, la Bretagne, puis il y avait aussi les peuples qui s'étendaient au-delà du Rhin. En Bretagne et dans cette Germanie redoutable et mystérieuse, César opéra quelques reconnaissances, mais les opérations plus sérieuses qu'elles annonçaient ne purent avoir lieu. L'élan fut brisé par l'antique répugnance des sénateurs à permettre que l'un d'entre eux s'élève à l'excès au-dessus des autres. Les Pères décidèrent, dans des conditions peu conformes à la légalité, de rappeler César, en mettant fin à sa mission dans les provinces gauloises. Ils reprenaient contre lui la politique qui leur avait réussi contre Pompée. Mais César ne se montra pas aussi docile que celui-ci et refusa de sacrifier sa *dignitas* à la jalousie de ses pairs. Il refusa d'obéir, franchit le Rubicon, le petit fleuve côtier qui formait vers le sud la frontière de la province (le 11 janvier 49), et marcha sur Rome. La guerre civile éclata. Contre César, il y avait le sénat, se réclamant de la légalité républicaine. Mais il apparut bientôt que cet argument ne touchait guère la masse des citoyens. D'abord en Italie même, où les cités, le long de l'Adriatique, ouvrent, les unes après les autres, leurs portes à César et à ses lieutenants puis dans les provinces occidentales, en Espagne, où Varron, lieutenant de Pompée, fait sans difficulté sa reddition. César peut entrer dans Rome et créer sa propre légalité. De là, il va reconquérir le monde, et d'abord les régions de l'Empire où le prestige de Pompée, vainqueur de l'Orient, permet à celui-ci de rassembler des forces comparables à celles dont il dispose lui-même. On sait que la confrontation des deux armées eut lieu à Pharsale en Thessalie, le 9 août 48, que Pompée dut s'enfuir en Égypte, où il fut assassiné et que la guerre se prolongea, entre les pompéiens, regroupés, et César, jusqu'à sa victoire définitive, à Munda, le 17 mars 45.

Au cours de cette reconquête du monde par César, celui-ci ne pouvait manquer d'apparaître comme l'*imperator* par excellence. Et ce fut la tentation de la royauté, qui ranima l'hostilité à laquelle il avait été en butte après ses premières conquêtes. L'antique serment, remontant à 509 avant J.-C., bannissant à jamais les rois de la cité romaine, fut un excellent prétexte pour les survivants de Pharsale, certains épargnés par la clémence de César, qui assassinèrent le « tyran ».

Gouverner le monde

Cet assassinat interrompit l'œuvre projetée par César, qui commençait, depuis l'année précédente, à rassembler les moyens d'une grande expédition contre les Parthes. Cette région de l'Empire était fort vulnérable. Elle l'était, au nord où, déjà, l'Arménie pouvait servir de base de départ contre les royaumes riverains du Pont-Euxin (la mer Noire), et encore plus en Syrie, comme l'avait montré, peu d'années auparavant, le désastre de Carrhes, qui avait mis fin à la tentative de Crassus pour inclure la Mésopotamie dans l'*imperium*. C'était la part que les deux autres triumvirs, César et Pompée, avaient consentie à leur associé dans la conquête du monde. Mais l'armée avait été anéantie, ses enseignes prises comme butin par l'ennemi, une partie des soldats, prisonniers, étaient esclaves des Parthes. Il s'agissait maintenant moins de conquête que de revanche, pour effacer la honte de la défaite. Cette hypothèque pèsera longtemps sur la politique d'Auguste. En attaquant les Parthes, ainsi qu'il le prévoyait, César, s'il avait réussi à abattre leur empire, aurait paré à toute menace contre la frontière orientale de l'Empire et, en même temps, ouvert plus largement la route vers les pays du Levant. Deux des objectifs de la conquête romaine auraient été, simultanément, atteints. Ils seront repris dans la suite, et le problème ainsi posé dominera, pendant des siècles, la fortune de l'Empire.

César, qui avait, sur le Rhin, reconnu les limites septentrionales du domaine romain, tourna-t-il, à quelque moment, le regard vers les déserts du sud ? Nous savons seulement que, pendant son séjour en Égypte, après Pharsale, il remonta le Nil avec Cléopâtre, sur le navire royal. N'était-ce qu'une promenade d'agrément ? Quelques années plus tard Auguste fera explorer le Sud égyptien et les pays au-delà desquels, croyait-on, la vie humaine n'était plus possible. Mais la jonction n'est pas encore opérée entre le Soudan et les régions situées au sud de la province romaine d'Afrique.

Poursuivant vers l'ouest la progression de l'Empire, César profita de la défection du roi numide Juba Ier, fidèle au parti pompéien, pour créer à la place de son royaume une seconde province africaine, qui prit le nom d'*Africa Nova* et s'étendait sur l'Est algérien. Ainsi, une nouvelle portion du rivage méditerranéen se trouvait directement incluse dans l'*imperium*. Restait encore en dehors de lui tout le pays qui, de la région d'Oran au Maroc, appartenait au royaume de Maurétanie.

Cependant tous ces territoires, aux statuts divers, annexés ou reconquis par César, ne formaient, pas plus que dans le passé, un ensemble cohérent, et il était très difficile de les administrer en utilisant les cadres traditionnels de la cité. Un gouverneur, ancien magistrat, ne restait en principe dans sa province qu'une année, ce qui était trop peu pour qu'il pût exercer une action réelle. Trop souvent, cela ne lui laissait que le temps de s'assurer des avantages matériels, sinon de s'enrichir, grâce à la complicité des notables de la province, qui obtenaient ainsi l'impunité pour leurs propres malversations. Mais, d'autre part, il n'était pas sans danger de laisser les gouverneurs en place pendant trop longtemps. On avait vu, au temps de Sulla, avec la sécession de Sertorius en Espagne, que certains d'entre eux pouvaient succomber à la tentation de se tailler un domaine personnel.

Instruit par sa propre expérience de la puissance du sénat dans la vie de l'Empire, et des inconvénients qui en résultaient, l'impossibilité de mener une politique cohérente, César prit des mesures destinées à affaiblir l'assemblée des Pères. Cela lui fut d'autant plus facile que beaucoup d'entre ceux qui s'étaient opposés à lui et avaient suivi Pompée étaient morts pendant la guerre civile. Les survivants faisaient figure de vaincus. Ils se montrèrent dociles et César n'eut aucune peine à créer un nouveau sénat, assez différent du précédent, en y inscrivant des hommes qui n'appartenaient pas à l'ancienne aristocratie. On vit ainsi entrer dans la curie* des fils d'affranchis ou des officiers de légion*, mais aussi des provinciaux, issus des colonies ou des municipes*. Il en vint de Gaule narbonnaise, d'Espagne. Le tissu impérial se fait plus lâche, plus perméable aussi, à mesure que l'antique monopole détenu par les vieilles familles du Latium commence à être partagé par les nouveaux venus.

L'un des premiers gestes de César lorsqu'il était entré en Italie avait été d'accorder le droit de cité complet aux habitants installés entre les Alpes et le cours du Pô (la « Transpadane »), qui ne l'avaient pas reçu après la Guerre sociale, une quarantaine d'années auparavant, à la différence des autres *Itali*. En même temps il étend le statut de droit latin à la Gaule narbonnaise. Ce qui revient à reconnaître, juridiquement, l'existence d'un ensemble culturel romain, noyau de ce qui sera, pour des siècles, la romanité. La *lex Julia municipalis* qu'il fit voter uniformisa la structure des cités de droit romain ou latin, les colonies et les municipes, en établissant partout des magistrats analogues aux consuls* et autres préteurs* de Rome, les duumvirs « pour dire le droit », assistés par un conseil des décurions, véritable sénat local. Au chaos hérité des temps antérieurs à la conquête, César substitue un ordre rationnel.

Cette volonté de rationalisation explique aussi une mesure qui avait, indirectement, une action sur la vie politique, la réforme du calendrier. Celui-ci était établi en fonction des mois lunaires, ce qui entraînait de nombreux décalages par rapport aux cycles du soleil, et rendait nécessaire d'ajouter, à des intervalles plus ou moins réguliers, des jours, voire des mois « intercalaires », opérations qui permettaient d'allonger ou de raccourcir la durée des magistratures, selon que l'on voulait favoriser ou défavoriser tel ou tel. Avec le calendrier julien, l'arbitraire n'avait plus de place.

Mais, tout en affirmant, par des mesures ponctuelles, sa volonté de mettre de l'ordre dans l'administration de l'État, de lui donner des cadres rationnels, César s'abstint de tout bouleverser et conserva, dans l'ensemble, les institutions traditionnelles. La hiérarchie des magistratures demeure sans changement, le *cursus honorum** continue de se dérouler de la questure au consulat, comme par le passé, mais le nombre des postes offerts aux candidats est accru. Il y eut désormais seize préteurs et quarante questeurs, moins pour les besoins de la Ville que pour ceux de l'Empire, afin de préparer les cadres nécessaires au gouvernement des provinces. Déjà, dans les dernières années de la République, beaucoup d'anciens consuls ou d'anciens préteurs se refusaient à quitter Rome pour aller, pendant quelques mois, s'encombrer des affaires d'une lointaine province. Il avait fallu une loi pour les y contraindre. C'est ainsi que Cicéron, contre son gré, fut chargé de la province de Cilicie. Désormais, les gouverneurs potentiels furent assez nombreux pour que l'on pût faire face aux besoins. Mais il semblait difficile de créer chaque année plus de deux consuls. César recourut à un procédé qui existait déjà et consistait à raccourcir le temps de chaque consulat, à le limiter à quelques mois et à désigner, pour achever l'année, des consuls suffects. C'était ce que l'on faisait lorsqu'un consul en exercice venait à mourir. Désormais il y eut, chaque année, deux consuls « ordinaires » (qui donnaient leur nom à l'année) et plusieurs autres, qui avaient droit au titre de « consulaires » et pouvaient être faits proconsuls*.

Cette mesure avait un autre avantage ; elle élargissait, au sénat, le groupe des anciens consuls, qui jouissait d'une autorité particulière, elle le « diluait » et évitait par conséquent qu'une coterie de grands personnages pût former, au sein même de l'assemblée, une opposition efficace. De plus elle permettait à César de se concilier des partisans et de récompenser ses amis. Et cela d'autant plus facilement qu'il s'était fait reconnaître le droit de « recommander » aux électeurs la moitié des candidats, ce qui, bien entendu, décidait du résultat.

César avait-il une doctrine politique ? Il avait, au début de sa carrière, lié sa fortune à celle des *populares,* hostiles à Sulla et à la prééminence de l'aristocratie traditionnelle, pour laquelle celui-ci avait lutté. Plus tard, il reprit, au moins en partie, le programme des Gracques, fit voter, pendant son consulat, une loi agraire destinée à donner des terres aux colons romains qui s'installeraient sur le domaine public, s'efforça d'enlever à un groupe restreint d'oligarques la connaissance des affaires publiques et, pour cela, fit publier les comptes rendus des séances du sénat. Il recommanda des mesures contre la concussion, afin d'empêcher ou de limiter les excès des gouverneurs de province. Cette politique, amorcée avant la conquête des Gaules, fut continuée par lui après sa victoire. À ce moment, en effet, il fait fonder plusieurs colonies, en Espagne Hispalis (près de l'actuelle Séville), en Narbonnaise Arles, accroît la population de villes existant déjà, en y installant ses vétérans, fonde Bizerte (Hippo Diarrhytus) et Nabeul, sur la côte de l'*Africa Vetus,* il contribue à redonner vie à Carthage, ainsi qu'à Corinthe, crée Sinope et Héraclée du Pont, sur le Pont-Euxin, etc. Ce qui a pour effet de diffuser la « romanité », au moins dans les pays d'Occident, et aussi de diminuer le nombre des citoyens dépourvus de ressources qui affluaient vers la Ville.

Il est probable que César éprouvait quelque inquiétude pour la sécurité même de celle-ci, alors que la plèbe irresponsable, grossissant d'année en année, offrait des troupes aisément mobilisables aux démagogues désireux de provoquer des troubles. Lui-même n'avait pas dédaigné de les utiliser, lorsque P. Clodius, quelques années plus tôt, lui avait, grâce à elles, permis de dominer par la violence toute la vie publique. Mais Clodius était mort, le rapport des forces avait changé et César n'avait plus besoin de tenir la rue. Aussi limite-t-il le droit d'association et supprime ces « collèges » dans lesquels, sous un prétexte quelconque, se regroupaient les éléments les plus dangereux.

Assurément, toutes ces mesures témoignent d'un programme politique, mais qui n'est pas mis au service d'une idéologie. Il s'agit d'assurer à la cité une cohésion semblable à celle qui avait fait sa force, empêcher tous les excès et toutes les déviations. Aux Ides* de mars, Rome et tout l'Empire offrent l'aspect d'un chantier où l'on travaille, sous l'impulsion de César, à assurer la solidité et la durée de l'*imperium*.

CHAPITRE II

L'AVÈNEMENT DE L'EMPIRE

La mort de César, le 15 mars 44, laissait son œuvre inachevée dans tous les domaines, aussi bien la réorganisation intérieure, dont il attendait qu'elle fît de la vieille cité républicaine le centre d'un pouvoir capable d'administrer le monde, que le renforcement des frontières orientales, dont la condition était le prolongement de la conquête au moins jusqu'aux limites des pays hellénisés. Allait-on tout abandonner, revenir au système ancien, rendre au sénat sa puissance, gouverner au jour le jour, selon que telle ou telle coterie l'emportait chez les Pères, et retrouver tous les périls que l'on connaissait depuis plus d'un demi-siècle ? Apparemment, les conjurés et leurs amis, parmi lesquels Cicéron, avaient pensé qu'il suffisait de supprimer le « tyran » pour que renaquît, de lui-même, le système républicain, capable, croyait-on, de résoudre tous les problèmes de la Ville et de l'Empire, comme il s'était montré capable de fonder et d'étendre l'*imperium*. Telle est, du moins, l'arrière-pensée que laissent entrevoir les traités politiques et, plus clairement encore, les discours de Cicéron, les *Philippiques*, qui seront son dernier combat, engagé un peu plus de quatre mois après les Ides* de mars, et au terme duquel il périra le 7 décembre 43.

Les forces nouvelles

Cicéron et les « républicains », dont il est le maître à penser et le porte-parole au sénat, se refusent à prendre conscience des forces nouvelles apparues dans la cité bien avant le « règne » de César et que, précisément, celui-ci cherchait à contrôler. Bien plus, la mort de César en faisait apparaître d'autres, qui étaient restées latentes jusque-là, mais n'allaient pas tarder à transformer tout le jeu politique.

La première de ces forces était celle que détenait l'armée. César, lorsqu'il mourut, était le chef de trente-neuf légions*, auxquelles s'ajoutaient de nombreux corps auxiliaires, cavaliers gaulois et germains notamment. Tous lui avaient prêté serment. Il était leur *imperator*, et eux lui étaient totalement dévoués. Une situation analogue s'était déjà produite, avec Pompée, en 62, lorsque, vainqueur de Mithridate, il avait débarqué à Brindes en triomphateur, et, avant encore, avec Sulla. En l'une et l'autre circonstance, la République avait été à la merci de l'armée. Pompée, certes, avait démobilisé ses légions, mais parce qu'il l'avait bien voulu. Sulla avait déclenché une guerre civile ; César l'avait imité et, maintenant, son armée demeurait, prête à l'action. Quelle allait être l'attitude de ces hommes, habitués à la victoire, et qui attendaient de leur chef la récompense de leurs services ? N'allaient-ils pas se donner à celui qui la leur promettrait ?

Le dieu César

Le pouvoir légal appartenait aux consuls*, deux « césariens », que César avait fait élire, Antoine et Dolabella. Antoine était le plus prestigieux. Il avait été le lieutenant et le collaborateur le plus direct du dictateur mort. Il avait été son « maître de la cavalerie » (c'est-à-dire son second) pendant les années de la dictature. À ce titre, et tandis que César demeurait en Orient, occupé à reconquérir les provinces* qui avaient pris le parti de Pompée, il avait été son représentant en Italie. Autant de bonnes raisons, pouvait-on penser, pour que les soldats, après la mort de leur *imperator*, le reconnaissent d'eux-mêmes pour leur chef. Mais lui, le désirait-il ? Ou bien accepterait-il de revenir à la légalité républicaine et, au terme de son consulat, d'abandonner le pouvoir ? En attendant, et sans que l'on pût discerner clairement quelles étaient ses intentions, il s'employa à faire que survécût l'esprit de César, et que demeurât son prestige auprès de la foule. Sous prétexte de *pietas* il donne lecture du testament déposé par le disparu dans la Maison des Vestales*. Des legs importants y figuraient, au bénéfice du peuple, tels les grands jardins de la rive droite du Tibre, qui devenaient un parc public. Puis, au cours des semaines qui suivirent, Antoine ne cessa de se référer aux documents laissés par César, concernant les grandes affaires du moment, et obtint que les décisions qui y étaient projetées aient force de loi. Si bien que César, disparu du nombre des vivants, n'en continuait pas moins de dominer la vie politique.

En fait, il n'existait plus aucune mesure commune entre ce que pouvaient faire les hommes et ce que voulait – ou avait voulu – celui qui, de plus en plus, apparaissait comme un dieu. Si Antoine souhaitait devenir le maître de Rome, il ne pouvait le faire qu'en se présentant comme le « vicaire » du nouveau dieu. D'autant plus que la divinité de César s'imposait avec de plus en plus de force. Le hasard (ou l'ordre de monde ?) voulut que, lorsque furent célébrés, au mois de juillet, les Jeux* « de la Victoire de César », une comète parut dans le ciel. Une telle apparition ne laissait personne indifférent. Le plus souvent, on pensait qu'elle annonçait quelque changement violent dans la vie de la cité. Cette fois, on s'accorda généralement à croire que cette longue traînée de lumière n'était autre que l'âme de César en chemin vers les astres, où elle était appelée à vivre éternellement d'une vie divine. N'était-ce pas là le destin promis aux grands hommes d'État, à leur âme divine, lorsqu'ils auraient achevé leur carrière terrestre ? Cicéron lui-même, au dernier livre de son *De republica*, ne l'avait-il pas affirmé, à propos de Scipion l'Africain ? Ainsi, par une évidente ironie du sort, ce que Cicéron avait conçu comme un mythe, à la manière de Platon, devenait un témoignage dont bénéficiait César !

Le nouveau César

La célébration des Jeux de la Victoire avait été voulue par un personnage qui venait de faire son entrée sur la scène politique, le futur Auguste. Par sa mère, Atia, il était le petit-neveu de César. Il avait alors atteint sa dix-huitième année et ne semblait pas devoir être bien redoutable. Son grand-oncle l'avait pris avec lui pendant l'expédition d'Espagne, l'année précédente, et veillait à ce que les meilleurs maîtres, rhéteurs et philosophes, soient chargés de sa formation intellectuelle et morale. Son père, C. Octavius, était le dernier représentant d'une famille bourgeoise du Latium, sans éclat. Ses détracteurs, plus tard, lui reprocheront la modestie de ses origines. Mais il était l'un des parents mâles les plus proches de César, dont l'unique enfant, Julia, épouse de Pompée, était morte en 54. La sœur aînée de César, Julia, s'était mariée deux fois et, de chaque mariage, avait eu un fils, mais, pour une raison qui nous échappe, César avait préféré appeler le jeune Octavius près de lui, peut-être à cause de sa jeunesse même, qui permettait de plus longs espoirs.

Au début de l'année 44, le jeune Octavius est envoyé par son oncle à Apollonie, en Épire, point de départ de la route conduisant vers les détroits et, de là, en Asie. Il comptait évidemment l'associer à l'expédition contre les Parthes, comme il l'avait fait pendant celle d'Espagne. Déjà l'avant-garde de l'armée commençait de se rassembler dans cette même Apollonie. Et voici qu'après les Ides de mars, lorsque Antoine donna lecture du testament de César, on apprit que celui-ci, par un acte posthume, adoptait Octavius et lui léguait une part considérable de ses biens. Quelle allait être l'attitude du jeune homme ? Allait-il reprendre la politique de son grand-oncle, maintenant son père adoptif ?

Plusieurs amis de celui qui s'appelait désormais C. Julius Caesar Octavianus lui déconseillaient de le faire. Qu'il acceptât l'héritage matériel qui lui advenait, mais aussi le rétablissement de l'ordre républicain. Sans quoi, s'il voulait revendiquer ne fût-ce qu'une partie des pouvoirs qui avaient été ceux de son grand-oncle et tenter de poursuivre son œuvre, il se heurterait à des obstacles redoutables. Il lui faudrait d'abord affronter Antoine, qui tenait une place de plus en plus grande dans l'État et, en même temps, les « républicains », les sénateurs qui avaient applaudi à la mort du tyran, étaient les complices moraux des « régicides » et ne se souciaient pas de voir surgir un autre César. Octave n'écouta pas ces conseils de sagesse. Dès le mois d'avril il arrive à Rome et revendique son héritage. L'héritage matériel d'abord. Antoine, qui comptait bien s'approprier la fortune de César, soulève des difficultés et il apparaît aussitôt que, si Octave voulait hériter, il lui faudrait ou bien abattre Antoine ou bien se faire son allié et servir sa politique. De toute façon, le fils adoptif de César ne pouvait manquer d'être impliqué dans les règlements de comptes auxquels il fallait s'attendre.

Octave choisit d'abord de se poser en rival d'Antoine, qui, visiblement, était bien décidé à conserver le pouvoir et s'y préparait. À la fin de son consulat, qui s'achevait avec l'année 44, il avait été chargé par le sénat du gouvernement de la province de Macédoine. Là se trouvaient les troupes rassemblées par César pour la guerre d'Orient, ainsi que les forces propres de cette province. Antoine commença par faire venir cette armée en Italie. Cela se passait au mois de juin, un peu plus de deux mois après le retour d'Octave à Rome. Puis, ces précautions une fois prises, il exigea d'échanger sa province de Macédoine contre celle d'Italie cisalpine, qui était échue à l'un des conjurés de mars, Decimus Brutus. Il l'obtint par une loi (et non un sénatus-consulte*), comme autrefois César lorsqu'il avait fait ajouter, par une décision populaire, la Gaule transalpine aux provinces que lui avait attribuées le sénat. Ses intentions étaient claires : maître de la Cisalpine (comme l'avait été César à son retour des Gaules) il menaçait l'Italie entière et pouvait recommencer la guerre contre le sénat. Decimus Brutus, parfaitement conscient de la menace, refusa l'échange et mit sa province en état de défense. La guerre commença entre Antoine et lui.

À ce moment, Antoine apparaissait comme un rebelle, même si l'échange des provinces avait été autorisé par une loi. Il n'avait pas le droit de conduire une guerre contre un gouverneur régulièrement désigné. Mais, de par sa volonté, la violence l'emportait sur la légalité.

En présence de cette situation, Octave résolut de se donner les moyens d'intervenir. Il n'avait aucun titre à le faire. Il n'était qu'un simple particulier *(privatus),* mais il était le fils du « dieu » César, ce qui lui promettait les sympathies des anciens soldats de celui-ci, les vétérans établis en Italie après la fin de leur service actif. Il y avait là une force potentielle considérable. Octave décida d'y recourir et, dès la fin de l'été, sans aucun mandat officiel, usant de ses propres ressources, leva une armée, composée de volontaires, heureux de reprendre les armes sous les auspices d'un « César ». Plus tard, dans les *Res Gestae**, Auguste rappellera cet épisode, au début de son récit, en disant : « À l'âge de dix-neuf ans, je rassemblai une armée, de ma propre autorité et à mes frais et, grâce à elle, je rendis la liberté à l'État en mettant fin à la domination d'une faction qui l'étouffait. » Situation révolutionnaire que ne peuvent dissimuler les euphémismes des *Res Gestae*. Ce n'était assurément pas pour rendre la liberté à Rome qu'Octave avait levé cette armée irrégulière, mais, ce qui était fort différent, pour intimider Antoine ou, du moins, le faire réfléchir et le contraindre à respecter les termes du testament de César.

Le sénat, auquel appartenait la légalité, était partagé. Antoine y comptait des partisans, parmi les membres qui devaient leur élévation à César. Il y avait aussi des ennemis et parmi eux Cicéron, le plus redoutable en raison de son éloquence et de son prestige. Lorsqu'il devint évident qu'Antoine se préparait à rétablir le régime mis en place par César, Cicéron décida d'engager le combat contre lui et de faire sortir les Pères de leur indécision. Le 2 septembre 44, il prononça la première *Philippique*, longue invective contre Antoine, qu'il compare à Catilina et aux pires ennemis de la République. Cela, il n'avait pu le faire aussi longtemps qu'Antoine possédait la suprématie militaire. Mais la lutte devenait possible dès le moment où l'armée d'Octave pouvait lui être opposée. Il était donc nécessaire d'attirer Octave dans l'alliance du sénat. Tel fut le calcul de Cicéron, qui se déclara ouvertement pour lui, et assura que tous les espoirs de la République reposaient sur cet « enfant ».

Les historiens modernes, à l'envi, accusent Cicéron de naïveté. Infaillibles dans leur prédiction, ils savent que bientôt le jeune champion du sénat va se retourner contre ses protecteurs. En réalité, la situation était fort complexe et il n'existait pas plusieurs solutions possibles, ni militaires ni même idéologiques. En Gaule cisalpine, Antoine poursuit les opérations contre Decimus Brutus, qu'il finit par assiéger dans Modène, au mois de décembre. Le sénat, cependant, hésite à le déclarer ennemi public et des tractations se poursuivent entre les Pères et le consul rebelle, qui demande qu'on lui attribue le gouvernement de la Cisalpine, pour cinq ans, avec une armée de six légions. Accepter revenait à mettre l'État à la merci d'Antoine. L'aventure césarienne recommencerait à coup sûr. Le seul recours résidait dans l'armée d'Octave. Cicéron obtint, au début de janvier 43, alors que le consulat d'Antoine était achevé, et la guerre qu'il menait à Modène d'une légalité fort contestable, que l'on demandât à Octave le secours de son armée contre lui. Un sénatus-consulte, pris le 1er janvier, décida que « C. César, pontife, deviendrait sénateur et recevrait l'*imperium* proprétorien, et le rang d'ancien consul ». Ce qui l'habilitait à mener une guerre contre Antoine, ou tel autre que les sénateurs désigneraient. Les deux consuls de 43, A. Hirtius et C. Pansa, étaient d'autre part chargés d'ouvrir les hostilités et de dégager Modène. La bataille eut lieu, devant la ville, le 21 avril. Antoine, vaincu, dut s'enfuir. Il prit la direction de la Gaule narbonnaise que gouvernait un « césarien » confirmé, M. Aemilius Lepidus (Lépide), consul avec César trois ans plus tôt. Lépide l'accueillit, déclara sa solidarité avec lui et lui remit son armée. Une guerre civile allait-elle éclater à nouveau ?

La guerre inévitable

En fait, le principal vainqueur, à la suite de la « guerre de Modène », est Octave. Il est en position d'arbitre. Les deux armées consulaires, celle d'Hirtius et celle de Pansa, se joignent à la sienne. Il apparaît comme le seul capable de combattre Antoine, que le sénat a fini par mettre hors-la-loi… Parfaitement conscient de sa force, il se livre à un chantage auprès des Pères. Il réclame le consulat, en remplacement de l'un des consuls morts devant Modène. Cicéron accepte de poser sa candidature à l'autre poste. Octave et lui se compléteront, le premier réduira la dissidence armée, le second rétablira le fonctionnement normal des institutions, et un système « républicain » ou voisin de celui qui existait avant la guerre civile serait alors mis en place, une fois la paix retrouvée.

Dans la pensée de Cicéron, ce qui triompherait ainsi était le principe fondamental de la République, celui-là même pour lequel il avait lui-même combattu, la subordination « des armes à la toge », la prééminence de l'*imperium* civil sur l'*imperium* militaire. En soutenant Octave, Cicéron pouvait espérer atteindre trois objectifs, dont aucun n'était la restauration pure et simple de l'ordre ancien, même si les cadres de la vie civique devaient rester inchangés. Il éliminerait Antoine et, avec lui, les formes les moins admissibles du césarisme, ses aspects les plus proches de la monarchie, les plus éloignés de l'éthique romaine traditionnelle – et, dans les *Philippiques,* Cicéron avait abondamment souligné les scandales causés par le légat de César, son faste et la vulgarité de ses plaisirs.

En second lieu, il espérait, grâce à son autorité morale, que lui valaient sa politique passée, et son âge même (il avait soixante-trois ans, Octave en avait dix-neuf), être pour celui-ci un conseiller respecté et écouté. Il voyait se dessiner ainsi la réalisation d'un de ses rêves, qu'il avait longtemps caressé, notamment lorsqu'il avait offert à Pompée de s'associer à lui, en 62, ou plutôt d'associer leurs deux gloires, celle du conquérant et celle du vainqueur de Catilina. Il avait alors évoqué l'amitié de Scipion Émilien et de Laelius. Ce qu'avait connu le « siècle d'or » de la République était-il impossible dans la cité rénovée qu'il entrevoyait ?

Une troisième considération pouvait entrer en ligne de compte. Cicéron était parfaitement conscient du prestige qui s'attachait au nom de César. Ce prestige, inséparable de la nature divine qui lui avait été reconnue, son fils adoptif ne pouvait manquer d'en bénéficier lui aussi. Et si ce fils rejoignait le parti du sénat, il deviendrait évident que la cité aurait retrouvé son unité.

Le retournement

Telle était la combinaison proposée à Cicéron par Octave (et ses conseillers), qui, dans cette hypothèse, renonçait à venger son père et à punir les assassins qui, de leur côté, s'installent solidement. Brutus occupe la province de Macédoine, évacuée par Antoine, et Cassius dispute la Syrie à Dolabella, qui en a obtenu le gouvernement à l'issue de son consulat. Les sénateurs, enfin, décident de confier à Sextus Pompée (le fils cadet du grand Pompée) le commandement de toutes les forces navales. Tout se passe comme si les sénateurs avaient décidé de prendre définitivement le parti des régicides et d'écarter Octave, une fois Antoine chassé d'Italie. Cela devint évident lorsque Octave, au mois de juillet 43, demanda le consulat et que le sénat le lui refusa. Le fils et héritier de César était rejeté dans l'insignifiance, Cicéron désavoué par ceux qu'il avait tenté de sauver. Alors, selon le scénario désormais habituel des guerres civiles, Octave, à la tête de son armée, marche sur Rome et se fait aisément élire consul par les comices, avec comme collègue Q. Pedius, le fils de sa tante Julia. Le rapport des forces avait changé. En se déclarant contre le sénat, Octave s'était, de ce seul fait, allié à Antoine qui, lui-même, négociait non seulement avec Lépide mais avec deux autres gouverneurs de province, Munatius Plancus, le fondateur de Lyon, qui tenait la Gaule transalpine (celle que César avait conquise) et Asinius Pollion, chargé de la Bétique (la moitié sud de l'Espagne). Lorsque Octave obtint le consulat, dans les circonstances que nous avons dites, Lépide, Plancus, Pollion se rallièrent ouvertement à Antoine. Le monde romain était désormais coupé en deux parties : en Occident, les hommes qui se réclamaient de César, en Orient ceux qui l'avaient abattu. De nouveau, les jeux politiques auxquels se complaisaient les sénateurs auraient pour effet de rendre inévitable un conflit armé entre les deux moitiés de l'Empire.

Le triumvirat

Dans cette perspective Antoine et ses alliés, qui s'étaient réunis à Bologne, au mois d'octobre, s'entendirent pour créer une nouvelle structure politique, qui remplacerait provisoirement les institutions traditionnelles, dont la faillite était évidente. À la fin du mois suivant, ils occupèrent Rome et firent voter une loi, la *lex Titia*, qui nommait Antoine, Octave et Lépide pour cinq ans « triumvirs à pouvoir constituant », ce qui faisait d'eux les maîtres absolus de l'État avec toutes les prérogatives de l'*imperium* militaire. Reprenant la politique de Sulla, et pour en finir avec tous les opposants, notamment ceux qui avaient tenté d'éliminer Octave, il firent afficher des listes de proscrits. Quiconque y était inscrit se trouvait par là même mis hors la loi, ses biens confisqués, lui-même livré à qui voudrait le tuer. Ainsi deviendrait-il possible de reconstituer, plus tard, un sénat docile, animé de l'esprit césarien. La tradition républicaine ne serait pas bouleversée, mais infléchie pour s'adapter à un système, que l'on n'entrevoyait pas encore clairement, mais où ce que nous appelons le « pouvoir exécutif » serait renforcé, aux dépens du sénat.

Les proscriptions eurent lieu aux mois de novembre et décembre 43. Cicéron fut tué le 7 décembre, à Gaète, où il s'était retiré après l'échec de son ultime tentative pour éviter à l'État la tyrannie d'Antoine. Octave avait bien essayé de l'épargner, mais Antoine ne pouvait oublier ni pardonner les *Philippiques*, pas plus que ne le pouvait Fulvie, sa femme après avoir été celle de P. Clodius, lui aussi ennemi mortel de l'orateur. Cicéron avait-il été « naïf » en appuyant Octave ? Rien ne nous dit qu'il n'avait pas mesuré le risque qu'il courait. Il avait été trahi moins par Octave lui-même que par ceux des Pères dont l'entêtement et l'incompréhension avaient contraint le fils de César à demander son aide à Antoine. La conduite d'Octave s'explique en partie par ses propres ambitions, mais aussi parce que, s'il était resté seul, sans l'appui de Lépide, d'Antoine et de Pollion, il n'aurait pu faire face aux anti-césariens qui, déjà, tenaient l'Orient, ni, par conséquent, servir Rome.

Les triumvirs reprenaient, sans nuance, l'héritage politique de César. Ce qui consistait d'abord à entreprendre de le venger. Au lendemain des Ides de mars, une amnistie avait été proclamée : les meurtriers n'auraient pas à répondre de la mort du tyran. L'un des premiers actes d'Octave, lorsqu'il avait revêtu le consulat, fut de faire révoquer cette amnistie par une loi que proposa Pedius, lui aussi petit-neveu du mort. Restait à s'emparer des coupables pour les punir. Afin de manifester aussi clairement que possible la légitimité de leur action, les triumvirs, au début de l'année 42, vouèrent à César un temple, à l'emplacement du bûcher où il avait été incinéré et lui firent officiellement reconnaître le nom de *divus Iulius*, « le dieu César ». Il eût été impie de ne pas venger sa mort.

La fin de la République

Pendant l'été de 42, les deux partis rassemblent leurs forces. L'affrontement eut lieu en Macédoine, près de Philippes. Il y eut deux batailles successives. La première fut remportée par Antoine seul. La seconde, le 23 octobre 42, fut aussi une victoire, dans laquelle Octave joua un rôle plus honorable. Brutus et Cassius, au soir de cette journée, avaient péri. Restait à réorganiser l'*imperium* romain, et, là, tout était à faire. Les exactions commises en Orient par Brutus et Cassius, les contributions extraordinaires très lourdes qu'ils avaient imposées aux provinciaux et aux rois alliés avaient mis partout la haine de Rome. Sur mer, les flottes de Sextus Pompée ressuscitaient le temps des pirates. Bien plus, Sextus s'était emparé de la Sicile et les esclaves travaillant sur les grandes propriétés de l'île se ralliaient à lui. Le souvenir des guerres serviles se ranimait, avec toutes les conséquences qu'elles entraîneraient. Non seulement le blé livré, comme le voulait la loi, par les propriétaires siciliens risquait de se faire de plus en plus rare mais les convois venus d'Égypte d'être interceptés en mer par le dernier des pompéiens. Et si le peuple de la Ville n'était plus nourri, on ne pourrait éviter le pire.

Déjà, en Italie même, des troubles éclataient un peu partout. Octave était chargé de démobiliser les légions* qui avaient combattu à Philippes, de procurer des terres aux vétérans et de leur verser à chacun une somme d'argent, un capital leur permettant de s'établir sur leur domaine. Mais les ressources manquaient. Pour s'en procurer, Octave rétablit le tribut, alors que les terres italiennes en étaient traditionnellement exemptes. En même temps il procédait à des confiscations, un peu partout, en Gaule cisalpine, en Émilie, en Étrurie, provoquant des rancœurs et des colères qui allaient bientôt dégénérer en guerre ouverte.

En Orient, où se trouvait Antoine, la situation n'était pas meilleure. Il fallait affirmer l'autorité de Rome, compromise par les discordes entre les anti-césariens et les triumvirs. Des nouvelles inquiétantes parvenaient de la frontière syrienne, où le roi parthe Orode rassemblait des troupes avec l'aide, disait-on, de Labienus, le fils du lieutenant de César, qui avait, comme son père, rejoint le parti pompéien. L'hostilité au pouvoir romain, que l'on voyait divisé, ne pouvait qu'être encore accrue par les impositions « exceptionnelles » levées, cette fois, par Antoine.

Sur ces entrefaites, les propriétaires italiens spoliés par Octave au bénéfice des vétérans entrent en rébellion ouverte, et cela avec l'appui de L. Antonius, le propre frère du triumvir, et de Fulvie. Octave, aidé de son légat Agrippa, excellent homme de guerre, mène une répression impitoyable, qui s'achève avec la prise de Pérouse, que tenaient les insurgés, au printemps de l'année 40, et le massacre de la population.

Tels sont les événements qui se déroulèrent entre la bataille de Philippes et l'année 40, où les triumvirs allaient tenter d'accomplir la mission dont ils avaient été chargés et de réorganiser l'Empire.

Un monde qui aspire à la paix

Dans ce monde déchiré de toutes parts, où la force des armes se substituait aux lois, quel espoir restait-il de retrouver une situation paisible ? Se satisfaisait-on, dans le peuple, à Rome, dans les campagnes, en Italie, d'attendre avec plus ou moins de patience, le retour de la paix, ou imaginait-on quelque manière de la ramener ? Nous ignorerions totalement quel était alors l'état des esprits si le plus grand poète de Rome, Virgile, n'avait, au cours de ces années-là, composé ses *Bucoliques*, où se retrouvent quelques-uns des échos éveillés par les péripéties de ce qui fut un interminable drame.

Virgile, on le sait, était un Cisalpin de Transpadane, de Mantoue, et donc l'un de ceux qui avaient reçu de César le droit de cité romaine au début de la guerre civile, alors qu'il avait vingt ans. En 44 (il était dans sa vingt-sixième année) il se trouvait, fort probablement, en Campanie, au Pausilippe, sur la baie de Naples, dans l'école groupée autour de l'épicurien* Siron, où il vivait selon la philosophie du Jardin* et s'efforçait, en vain, de surmonter son amour de la poésie, tout en composant des pièces légères. Mais, après quelques mois, il ne put résister à sa vocation profonde et entreprit de composer, dans le style du Sicilien Théocrite, autrefois courtisan des Ptolémées, des églogues où il dirait le bonheur d'une vie simple, que ne troubleraient point les passions, une vie conforme aux leçons d'Épicure. Or, l'une de ces églogues (celle qui devait devenir la cinquième du recueil) chante l'apothéose* d'un berger, Daphnis (du nom d'un héros du folklore sicilien), qui, devenu dieu, rendrait aux mortels la tranquillité et la paix. *Bonus amat otia Daphnis.* Daphnis le secourable aime le repos. Il apporte la sérénité, tout ce qui, précisément, fait défaut au monde romain depuis la mort de César. Déjà les commentateurs anciens reconnaissaient dans ce poème un symbole. Daphnis n'était autre qu'une figure de César. Il est hautement probable qu'ils ne se trompaient pas, que Virgile ait voulu annoncer qu'avec la divinisation de César reviendrait la paix, grâce au nouveau dieu.

Cette églogue, véritable manifeste césarien, fut très

probablement composée au début de 42, lorsque César fut, officiellement, proclamé dieu et que l'alliance des triumvirs, sous le patronage de celui-ci, laissait présager un monde enfin paisible. N'était-ce point pour assurer la paix dans l'Empire, que les trois magistrats avaient été chargés de donner des structures à l'État ? Dans la cité rendue à elle-même, le « bon Daphnis » jouerait le rôle de Jupiter Capitolin qui, depuis trop d'années, semblait se désintéresser de son peuple. Avec le *divus Iulus* une alliance nouvelle serait conclue entre Rome et les divinités.

Des années difficiles. La montée d'Octave

Pourtant, nous l'avons vu, les difficultés ne cessèrent pas pour autant. Il sembla même un moment que les triumvirs allaient entrer en guerre les uns contre les autres, mais, au début du mois d'octobre 40, ils renouvellent leur accord. C'est la paix de Brindes. Octave et Antoine se réconcilient solennellement. Octave obtiendrait les provinces* de l'Occident (sauf l'Afrique, attribuée à Lépide), Antoine serait maître en Orient et, garantie de ce pacte, épouserait Octavie, la sœur d'Octave, union que rendait possible la mort de Fulvie. La paix revenait donc entre les héritiers de César. La prédiction de Virgile se réalisait. Cette paix retrouvée, le poète la chanta dans une autre églogue (qui devint la quatrième du recueil). C'était, disait-il, le commencement d'un âge nouveau, l'âge d'or prédit par les Livres sibyllins*. Symbole et signe de ce retour, voici qu'Asinius Pollion, l'un des amis d'Antoine, allait être consul et qu'un enfant venait de naître, futur témoin de la paix universelle.

Cependant, Virgile lui-même avait dû faire face à de graves difficultés. Lors du partage des terres, en Cisalpine, le petit domaine qu'il possédait lui avait été enlevé. Une première intervention de Pollion, lieutenant d'Antoine pour cette province, lui avait permis de le récupérer, mais il s'était heurté au mauvais vouloir et à la violence du centurion à qui la propriété avait été attribuée. Ce fut seulement plus tard qu'il put rentrer définitivement en possession de son bien, mais, apparemment, après 40 et la paix de Brindes, lorsque Octave eut reçu en partage le gouvernement de toute l'Italie. Pour obtenir justice, Virgile avait dû se rendre à Rome et présenter sa requête au nouveau maître, qui lui restitua, cette fois pour toujours, le domaine de Mantoue. Pour remercier Octave, le poète composa l'églogue qui ouvre le recueil des *Bucoliques,* dans laquelle il présente Octave, et lui seul, comme le génie tutélaire de l'Empire ou, tout au moins, de l'Italie. La date de ce poème ne se laisse pas déterminer avec exactitude mais elle ne saurait être postérieure à la reprise des hostilités, cette fois entre Octave et Sextus Pompée, qui apportaient un démenti éclatant à l'optimisme de la quatrième Églogue.

Sextus Pompée, après avoir conclu la paix avec les triumvirs à Misène, en août 39, avait repris la guerre l'année suivante puis, après quelques succès en Sicile contre Octave, avait été définitivement vaincu sur mer, devant Nauloque (en août 36), par Agrippa. Il s'était alors enfui en Asie, à Milet, où un officier d'Antoine l'avait tué. De son côté, Lépide, coupable de ne pas avoir soutenu Octave et même de l'avoir trahi, fut destitué de sa charge de triumvir et exilé à Circei, une petite bourgade située sur la côte du Latium, à la lisière de la Campanie. Octave lui conserva son titre de *Pontifex Maximus**, qui était toujours conféré à vie. Respectueux, cette fois, de la légalité, il ne devait le prendre lui-même qu'à la mort de Lépide, en 12 avant J.-C. Mais il y avait longtemps, alors, que les problèmes posés par le partage des pouvoirs et des titres ne se posaient plus.

En fait, depuis l'automne de 40 et la paix de Brindes, Antoine et Octave restaient seuls, face à face, sur la scène politique, et l'on comprend que la première Églogue, si elle a bien été composée, comme on peut le penser, dans l'été de 39, ne soit adressée qu'au seul Octave. À ce moment, Antoine se trouve à Athènes, de plus en plus engagé dans les affaires d'Orient. Le véritable champion de l'Italie, celui seul dont elle peut attendre son salut, ne saurait être qu'Octave. C'est donc à lui que va la reconnaissance du berger Tityre. Il est divinisé par la dévotion populaire. On lui offre des sacrifices. Il est le véritable successeur du *divus Iulius.* Dès ce moment, au partage politique du monde entre Antoine et Octave, qui avait eu lieu à Brindes en 40, se superpose un partage idéologique, dont le poète nous apporte le témoignage. Antoine et Octave reprennent, chacun, une moitié de l'héritage césarien. Le second maintient à Rome, moins par conviction que par nécessité, ce qui, dans les formes « républicaines », est compatible avec son pouvoir absolu. Antoine, lui, qui ne renonce pas au projet césarien d'abattre la puissance des Parthes et de repousser les frontières de l'Empire aussi loin que possible vers l'Orient, se comporte de plus en plus en roi hellénistique. Compagnon puis époux de la reine Cléopâtre, nouvelle Isis*, il veut être, lui, le nouveau Dionysos*, le triomphateur venu de l'Inde. Il installe des rois vassaux dans des pays qui, jusque-là, dépendaient directement de Rome. Il agrandit le royaume d'Égypte. Il établit ses enfants, qu'il avait eus de Cléopâtre, comme rois en Arménie, en Médie, en Cilicie, en Syrie, en Cyrénaïque. C'est tout l'Orient romain qui est ainsi mis en lambeaux.

Tout cela, nous le savons, créait à Rome un vif mécontentement et ne pouvait que renforcer la haine des rois. À la vérité, Octave exerce, lui aussi, un pouvoir absolu. Il ne respecte pas davantage la « liberté ». Ainsi, en 40, il fait condamner à mort par le sénat un sénateur, Salvidienus Rufus, suspect de trahison à sa personne, passant outre au privilège le plus sacré des citoyens romains. Dans sa vie privée, il n'était pas plus respectueux du droit des personnes. Marié à Scribonia, parente de Sextus Pompée, il n'hésita pas à la répudier le jour même où naissait Julia, leur fille. Il s'était en effet brusquement épris de Livia Drusilla, la femme d'un pompéien, Ti. Claudius Nero, longtemps exilé, mais qui était revenu à Rome après la paix de Misène. Octave la vit au cours d'un banquet et déclara son intention de l'épouser. Claudius Nero la répudia et le mariage eut lieu le 17 janvier 38, bien que Livie, déjà mère d'un enfant, le futur Tibère, vînt seulement de mettre au monde un deuxième fils. N'était-ce pas là, aussi, se conduire en roi ? Mais, entre la « royauté » d'Octave et celle d'Antoine la différence était grande. Tandis que l'époux de Cléopâtre dilapide (du moins en apparence) les territoires de l'Empire et échoue dans sa tentative pour s'emparer de l'Arménie, Octave renforce la frontière en Illyrie et poursuit la pénétration romaine dans le sud des Alpes et en direction du Danube. Il n'est pas indigne des hommes qui, dans le passé, ont construit l'*imperium*. La monarchie, d'autre part, n'est plus, pour la masse des citoyens, l'objet d'horreur que l'on dit. Elle apparaît à beaucoup comme de plus en plus souhaitable.

La monarchie et les philosophes

Il existe en effet un courant de pensée qui lui est favorable, non sous la forme que lui donne Antoine, mais telle que l'avait esquissée César. On a montré en effet que, dans les cercles épicuriens, et cela dès avant la guerre civile de 49, les esprits étaient préparés à refuser la vie politique traditionnelle, génératrice de discordes, d'ambitions incompatibles avec la sérénité de l'âme, le désir des honneurs, celui des richesses, que rien ne saurait satisfaire. Lucrèce, dans le poème *De la Nature*, l'avait montré avec la plus grande clarté ; quiconque souhaitait atteindre au Bien suprême devait renoncer à affronter la vie publique. La conséquence était implicite. Pour assurer la survie de l'État, il suffirait d'un « guide » dont on attendrait qu'il apportât l'*otium**, cette paix extérieure et intérieure à laquelle aspiraient les bergers virgiliens. En plaçant son poème sous l'invocation de Vénus « mère », ancêtre des Julii, Lucrèce semblait suggérer que César, qui, depuis des années déjà, se réclamait de cette filiation divine, saurait accomplir cette révolution des esprits.

Lucrèce aurait été un précurseur. Bientôt après, pendant la guerre civile, un autre poète-philosophe, l'épicurien Philodème de Gadara, intime ami et directeur de conscience d'un partisan et allié politique de César, son beau-père Cn. Calpurnius Pison, publiait un ouvrage intitulé *Le Bon Roi selon Homère*, que nous ont, partiellement, rendu les papyri de la bibliothèque de la villa dite des Pisons, à Herculanum. Ce livre, qui peut être daté de 46 ou 45, donc du vivant de César, fait l'éloge de la monarchie telle que la présentent les poèmes homériques. Dans ce programme, rédigé par un authentique théoricien de la philosophie épicurienne, non seulement on peut discerner certains traits de la « monarchie » césarienne, qui s'esquisse alors, mais, en contraste, la condamnation du « mauvais » roi, dont le portrait évoque la manière dont s'est conduit Antoine, au temps où il représentait, en Italie, le dictateur absent. D'autres indices, telle la présence parmi les amis de César d'un véritable cercle épicurien pendant la guerre des Gaules, permettent de penser que, même dans l'aristocratie, le principe d'une monarchie était loin d'être rejeté avec horreur. Le Virgile des *Bucoliques* était moins isolé à cet égard qu'on ne le croit souvent.

Il est certain que ce courant de pensée, l'aspiration à une monarchie qui assurerait l'*otium* à ses sujets, a profité à Octave. La présence auprès de lui, depuis le début de sa carrière, de son ami C. Maecenas (Mécène), un chevalier d'Arretium, en pays étrusque, issu d'une famille qui, du côté de sa mère, par les Cilnii, avait compté des rois, tend à le confirmer. Mécène est un épicurien, et c'est peut-être à ce titre qu'il devint le protecteur de Virgile. Conformément aux préceptes de la secte, il se refuse à parcourir la carrière des honneurs. Dion Cassius raconte comment, après la victoire d'Octave, Agrippa, Mécène et le futur Auguste, eurent un entretien au cours duquel celui-ci demanda conseil à ses deux amis pour savoir s'il convenait de rétablir la République ou de donner à Rome une monarchie. Mécène parla en faveur d'une monarchie, et l'emporta. Bien que ce débat soit, en grande partie, imaginé par l'historien, il repose cependant sur des faits réels et nous confirme qu'il existait bien une théorie épicurienne de la royauté, et que le vainqueur d'Antoine en profita, bien que ses sympathies personnelles semblent l'avoir porté vers le stoïcisme, du moins si l'on se souvient qu'il eut comme maîtres et amis deux philosophes appartenant à cette école, Areios Didymos et Athénodore de Tarse, fils de Sandon.

À la vérité, les stoïciens n'étaient pas hostiles à la monarchie. Ils l'avaient prouvé au temps des rois hellénistiques, mais leur doctrine, accueillie à Rome par les personnages les plus marquants de l'aristocratie, avait été adaptée à l'éthique traditionnelle. Le stoïcisme était devenu un code de conduite, dont on pensait qu'il pouvait conduire quiconque l'observait à un état intérieur proche de la sagesse. L'un des derniers ouvrages de Cicéron, le traité *Des devoirs (De officiis)*, est une sorte de catéchisme à l'usage de ceux que leur naissance ou leur rang social appelaient à participer aux affaires de la cité. Luimême l'avait dédié à son fils. De son côté Athénodore enseignait, comme les premiers stoïciens, que le « sage » n'avait pas le droit de vivre dans la retraite, dans l'*otium*, mais avait le devoir de travailler au bien commun, d'être utile. Ainsi l'exigeait la Nature, qui avait voulu que les êtres humains vivent en société. Cette doctrine, qui n'excluait aucunement la monarchie, ne l'imposait pas non plus. Son plus illustre représentant, il est vrai, Caton, était mort volontairement, plutôt que d'accepter la royauté de César et à la suite de Caton il exista, pendant le premier siècle du principat, une opposition stoïcienne au pouvoir de l'*imperator* mais qui, nous le verrons, alla se résorbant jusqu'au moment où, avec Marc Aurèle, les Romains eurent un empereur stoïcien.

Ainsi, il était clair que les deux doctrines qui se partageaient les esprits, dans une Rome où les philosophes se faisaient de plus en plus présents, étaient l'une et l'autre compatibles avec un régime monarchique, le stoïcisme imposant seulement qu'il laissât une place, dans la vie politique, à l'activité des meilleurs d'entre les citoyens. On pouvait ainsi imaginer un régime « mixte », comme en rêvaient autrefois les philosophes grecs, dans lequel un seul homme assumerait la responsabilité d'ensemble mais accueillerait la collaboration de tous, chacun selon son rang dans l'État. Tel fut, en définitive, le système du principat.

Le triomphe d'Octave

Pendant la dizaine d'années qui séparent la paix de Brindes de la guerre entre Octave et Antoine, on vit se creuser le fossé qui séparait la monarchie d'Antoine et celle qui se mettait en place dans les provinces occidentales. La première était modelée sur celle des successeurs d'Alexandre. Déjà on y entrevoyait la constitution d'une dynastie, dans laquelle les fils du roi recueilleraient, automatiquement, l'héritage de leur père. Le bruit courait aussi que Rome cesserait d'être la capitale du monde, la cité-reine, que ce rôle reviendrait à Alexandrie, où confluaient tous les courants de pensée qui parcouraient l'Orient ; à côté des traditions égyptiennes celles du monde juif, sans compter la présence de l'hellénisme, dont la langue était depuis longtemps le mode d'expression commun aux savants et aux penseurs de cette moitié du monde. Si le pouvoir politique s'installait dans cette ville, que resterait-il à Rome ?

Les pouvoirs d'Octave

Non sans habileté, Octave s'emploie à faire connaître aux Romains cette politique d'Antoine, en l'accusant, implicitement, de vouloir les réduire en esclavage. Lui-même, pendant ce temps, se fait octroyer des pouvoirs et des titres exceptionnels, tout en conservant les formes traditionnelles des magistratures ou en ne les modifiant que le moins possible. Et, du même coup, cette monarchie qu'il construit pour lui-même apparaît comme tolérable, bien plus, comme l'instrument du salut. La lecture des *Res Gestae** montre qu'il s'est toujours efforcé, et, cela dès avant la victoire sur Antoine, de présenter toutes les innovations institutionnelles qu'il impose comme de simples modifications des traditions républicaines, qui ne mettaient pas en péril l'ensemble du système mais n'étaient que des mesures exceptionnelles, et, par là même, provisoires. Cette présentation de ses activités ne s'arrête pas avec la conquête définitive du pouvoir. Elle concerne toute la série des charges qu'il fut amené à exercer ensuite. Ainsi, tout un chapitre est consacré à l'énumération de celles qui lui ont été offertes, et qu'il a déclinées : d'abord la dictature, dont chacun savait qu'elle avait été officiellement abolie, en 44, à la mort de César, mais que le sénat tenta de rétablir, en 22 avant J.-C., sous la pression populaire, en même temps qu'on le priait de prendre la *cura annonae*, c'est-à-dire la gestion du ravitaillement de la Ville. Cette *cura annonae*, Pompée l'avait exercée en 57, et cela lui avait permis de recevoir un *imperium* extraordinaire, qui avait accru son influence avant la guerre civile. Auguste ne put la refuser, mais il l'exerça seulement quelques jours, ainsi qu'il le déclare, et en prenant à sa charge les frais qui permirent le rétablissement d'un marché normal.

Le peuple et le sénat lui avaient aussi offert le consulat perpétuel. Octave refusa une telle dérogation à la règle, ce qui permit de faire oublier qu'il n'en fut pas moins onze fois consul*, mais pas toujours de suite ! Le problème de la censure se posait. Il ne pouvait être esquivé. Il fallait mettre fin aux désordres moraux qui avaient accompagné les guerres civiles, mais il n'était pas question non plus de désigner des censeurs, comme autrefois. Leurs pouvoirs n'auraient pu manquer d'empiéter sur ceux que se réservait le prince. Pour résoudre cette difficulté le sénat et le peuple lui offrirent, en 19 et 11 avant J.-C., une magistrature nouvelle, qui eût équivalu à la censure, moins les inconvénients que celle-ci impliquait, une *cura legum et morum*, lui donnant un droit de contrôle sur les lois et la conduite privée des citoyens. Mais il la refusa, sous le prétexte que c'était une magistrature « contraire à la coutume des ancêtres » (*R.g.*, 6, 2), et, dans le même passage des *Res gestae*, il ajoute qu'il se contenta, pour réaliser ce que voulait le sénat, de la puissance tribunicienne*.

Ici, nous rencontrons ce qui est au centre même du pouvoir impérial, cette « puissance » qui donnait au prince l'initiative des lois (par l'intermédiaire des comices tributes) et le droit d'*intercessio**, c'est-à-dire celui d'intervenir dans la gestion des magistrats, quels qu'ils fussent. Celui qui le possède acquiert du même coup un pouvoir sans limites et qui reste parfaitement légal. Il est évident que, pendant toute la période où Antoine gouverne l'Orient en maître absolu, Octave cherche à souligner la légalité de sa propre position. Depuis le 27 novembre 43, il était, nous l'avons vu, triumvir à pouvoir constituant, d'abord pour une durée de cinq ans, puis, à partir de 37, pour une seconde période de cinq années, qui, très probablement, se terminait avec la fin de l'année 33. Ce triumvirat lui avait été confié par une loi. Nous ignorons dans quelles conditions il fut renouvelé, en 37, s'il y eut une nouvelle loi ou simple reconduction tacite. De toute manière, il n'était plus possible d'en envisager le prolongement au-delà de 33, étant donné les tensions existant entre les triumvirs, masquées tant bien que mal par la paix de Misène. Le problème se posait donc à Octave de savoir quelle serait sa situation légale une fois l'échéance arrivée. La solution consista pour lui à se faire attribuer les prérogatives qui, jusque-là, appartenaient aux tribuns de la plèbe, la « sacro-sainteté »* de leur personne et le droit d'*intercessio*. Il devenait ainsi un véritable tribun perpétuel et son statut légal ne pouvait plus, sous peine de sacrilège, être contesté. Il est significatif que cette puissance tribunicienne lui fut conférée, par une loi, en 36. Il y avait un précédent, celui de César, qui l'avait reçue après la pacification de l'Orient et devait s'en servir pour réprimer les tentatives éventuelles de l'opposition sénatoriale. De même, son attribution à Octave pendant la campagne qu'il menait contre Sextus Pompée et alors qu'il existait, dans Rome même, des sénateurs partisans d'Antoine, était une garantie pour l'avenir. Mais il n'était pas indifférent non plus que le fils de César exerçât les prérogatives d'une magistrature qui, depuis les premiers temps de la République, avait pour but de défendre la *Libertas**. Dans la mesure où Antoine représentait une menace de monarchie « à l'orientale », le « tribunat perpétuel » d'Octave apparaissait comme une garantie à la fois contre la tyrannie et contre la prépondérance de l'oligarchie.

Apparition d'une dynastie

Enfin, la sacro-sainteté inséparable du tribunat venait légaliser le sentiment, très largement partagé, que le jeune héros – celui que chantait Virgile deux ou trois ans plus tôt, dans la première Églogue – était plus qu'à moitié divin. Bientôt il devint évident que cette « sacralité » était inhérente à la famille même d'Octave, lorsque le sénat l'attribua non seulement à celui-ci mais à Livie et à

Octavie, la sœur du prince, à laquelle Antoine interdisait, vers le même moment, de le rejoindre en Orient. Une dynastie était en train de se créer, mais elle ne ressemblait guère à celle d'Antoine ! La divinité des Julii avait été reconnue par un mouvement populaire spontané, autour du bûcher du héros, et elle était déjà implicite dans la tradition des origines troyennes de Rome. La « divinité » d'Antoine était sans autre justification que la volonté du triumvir et la complaisance des sujets de ce royaume qu'il s'était donné. Du moins est-ce l'image qu'Octave voulut imposer de celui qui, d'allié, était devenu un rival. Il n'y réussit pas pleinement puisque, lorsqu'eut lieu la rupture définitive entre eux, au début de l'année 32, à l'expiration du triumvirat, les deux consuls légalement élus quittèrent Rome pour rejoindre Antoine, et trois cents sénateurs les suivirent. De quel côté se trouvait la légalité ? Les efforts d'Octave, que nous avons rappelés, habilement et obstinément poursuivis depuis dix ans, n'avaient eu qu'un demi-succès. Finalement, la force déciderait.

Une nouvelle légitimité

Octave, cependant, imagina un dernier stratagème. Passant outre à la légalité romaine, celle des magistratures et des lois, qu'il ne possédait plus, puisque son mandat de triumvir avait atteint son terme, il se fit plébisciter par les habitants des provinces occidentales et, en premier lieu, de l'Italie. Se présentant à elles comme leur « chef », leur *princeps*, terme dont la traduction grecque, dans le texte des *Res Gestae*, par ἡγεμών nous livre le sens véritable, il se fait prêter serment – ce qui, du fait même de ce consentement solennel, lui confère une légitimité incontestable, même si elle n'a pas été acquise dans les cadres traditionnels. À ce moment, Octave invente une réalité politique nouvelle, ou, peut-être, l'emprunte-t-il à des traditions à demi effacées, celles d'où étaient issus les tribuns bien des siècles plus tôt. Le pouvoir qui est ainsi conféré à Octave n'est pas l'*imperium*, puisqu'il n'émane pas d'une investiture par les comices curiates*. L'*imperium*, il le possède déjà depuis longtemps et toute opération militaire à laquelle il présidera sera « juste » au regard des dieux, mais il est nécessaire que les populations civiles, collectivement, le reconnaissent comme leur guide et, de même que les soldats lui prêtent comme à leur chef le serment militaire, de même les habitants des cités, colonies, municipes*, et des campagnes, quel que soit leur statut juridique, sont invités à promettre fidélité à celui qui assurera la survie de l'État jusqu'au rétablissement de la légalité antérieure. Ce serment n'est évidemment valable que pour la période de crise qui s'annonce. Après quoi les institutions traditionnelles recommenceront à régir l'État. Du moins telle était la doctrine officielle.

Nous savons qu'après la défaite d'Antoine Octave manifesta effectivement son intention de « rétablir la République ». Bien des historiens ne veulent voir là qu'une déclaration hypocrite et jugent pareillement celle que fit Auguste en 23, dans le même sens. Hypocrisie, peut-être – nous ne pouvons en décider –, il n'en reste pas moins que le principat, fondé, comme nous l'avons dit, sur le consentement de tous, l'allégeance envers un seul, se présentera, pendant tout le règne d'Auguste, comme un régime transitoire, destiné à préparer le retour à la légalité ancienne. Le problème de ce retour se posera avec acuité au moment où Tibère succédera à Auguste. On le retrouvera, de loin en loin, aux changements de règne.

La guerre d'Actium

Octave, s'étant ainsi assuré la fidélité des provinces qu'il contrôlait ainsi que celle des Italiens et du peuple de la Ville, put engager les hostilités contre les forces d'Antoine, qui, officiellement, étaient celles de la reine Cléopâtre. La déclaration de guerre, solennelle, ne mentionnait que celle-ci. Cette formule présentait plusieurs avantages. Elle évitait que l'on pût reprocher à Octave de rallumer la guerre civile, puisqu'il ne faisait, officiellement, que défendre l'Empire contre les entreprises d'un souverain étranger. Ce qui, non seulement, était légitime mais hautement méritoire. Bien plus, comme il s'agit de l'Égypte, on s'ingénie à souligner tout ce qui sépare ce pays des autres peuples. On imagine que les divinités elles-mêmes se divisent, dans ce conflit. D'un côté il y a celles de Rome, de l'autre les êtres monstrueux auxquels on rend un culte sur les rives du Nil. Horace, Virgile l'affirment. De vieilles images resurgissent, celles de la guerre entre les Olympiens et les Titans*. Il est possible, en effet, qu'à un certain moment les Italiens eurent réellement peur de voir débarquer à Brindes, ou ailleurs, des troupes barbares, dont les chevaux fouleraient le tombeau de Romulus et la terre ancestrale, mais, en réalité, la guerre qui s'annonçait, en cette année 32, ne fut pas et ne pouvait être la confrontation de deux cultures, de deux univers spirituels différents. Les dieux de l'Égypte, Isis* surtout, et avec elle Osiris, avaient depuis longtemps droit de cité en Italie. Les forces puisées en Orient, que commandait Antoine, venaient en grande partie de pays hellénisés, nullement barbares, et il y avait longtemps aussi que, inversement, la culture hellénique imprégnait les pays de l'Occident, de la Campanie à la Narbonnaise.

Cette guerre, voulue par Antoine, acceptée comme inévitable par Octave, dura peu de temps. Les opérations décisives eurent lieu, comme les deux guerres civiles précédentes, à la jonction de l'Occident et de l'Orient, en Épire. Antoine disposait de troupes considérables, en infanterie, cavalerie, et aussi d'une flotte nombreuse, sur laquelle se trouvait Cléopâtre. Agrippa, qui commandait la flotte d'Octave et qui avait l'expérience de tels combats en Sicile, contre Sextus Pompée, préféra attaquer sur mer, le rapport entre les forces terrestres étant au net désavantage d'Octave. Les navires d'Antoine étaient au mouillage dans le golfe d'Ambracie. Lorsque ceux d'Agrippa se présentèrent, leurs adversaires craignirent d'être encerclés, immobilisés, sans possibilité de manœuvre et essayèrent de sortir de la rade. L'engagement tourna à leur désavantage. Cléopâtre s'enfuit. Antoine la suivit. C'était la fin de la guerre. Toutes les forces d'Antoine, sur terre et sur mer, déposèrent les armes. Seuls les navires que Cléopâtre commandait personnellement réussirent à s'enfuir, et regagnèrent l'Égypte.

La victoire d'Apollon

Le combat avait eu lieu le 2 septembre 31 au droit du cap d'Actium. Or, à cet endroit se dressait un temple d'Apollon et on ne douta guère que la victoire n'ait été donnée à Octave par le dieu. Depuis longtemps Apollon était, de la part du prince, l'objet d'une particulière vénération, et l'on murmurait même que la mère d'Octave, Atia, avait été aimée par le dieu. On n'oubliait pas non plus qu'Octave, dès 36, avait commencé la construction d'un temple à Apollon, sur le Palatin, dans une partie de sa propre maison. C'était un édifice particulièrement magnifique, entouré de deux portiques où seront installées, plus tard, deux bibliothèques, une pour les ouvrages en grec, l'autre pour les ouvrages en latin. L'édifice ne fut achevé et dédié qu'en 28. Il reste l'un des monuments les plus caractéristiques de la politique religieuse d'Auguste et le symbole du grand renouvellement cosmique attendu, le « nouveau siècle » que célébreront, en 17, les Jeux* Séculaires.

Une fois la victoire acquise à Actium, la reconquête de l'Orient se déroula selon le scénario désormais habituel. Octave, à la fin de l'année, se rendit en Asie, à Éphèse, où, l'année précédente, Antoine avait groupé le plus gros de ses troupes. Sur sa route, il avait obtenu, sans coup férir, la soumission de la Macédoine et de la Grèce. Mais, au cours de l'hiver, des troubles éclatèrent en Italie : les soldats démobilisés de l'armée victorieuse réclamaient des terres et des gratifications. Octave dut venir, en personne, les apaiser. Il parut à Brindes où l'attendaient le sénat et presque tous les magistrats. Là aussi se trouvaient des soldats mécontents, qui acceptèrent les promesses qu'il leur fit, de leur distribuer des terres qu'il acheta lui-même, à ses frais. À Brindes, il inaugura son quatrième consulat et, après vingt-sept jours, put retourner en Orient, à la fin de janvier. Au printemps s'engagea la campagne décisive contre l'Égypte. Deux armées firent route vers Alexandrie, l'une à partir de la Cyrénaïque, commandée par C. Cornelius Gallus, un ami de Virgile, poète lui aussi, l'autre sous les ordres d'Octave lui-même, venant de Syrie. Antoine marcha d'abord contre Gallus, mais subit un échec. Il se porta alors sur le front de l'est et tenta de défendre Alexandrie. Vaincu, il se réfugia sur un navire, espérant que la reine le suivrait. Celle-ci, cependant, avait engagé des négociations secrètes avec Octave et, interdisant aux siens toute résistance, s'enferma dans le tombeau qui, depuis longtemps, était préparé pour elle. Antoine la crut morte et voulut se suicider. Grièvement blessé, il apprit que Cléopâtre était toujours vivante. Il se fit porter jusqu'à elle et, là, il mourut. Quelques jours plus tard, le 1er août 30, Octave entrait dans Alexandrie. Cléopâtre, si l'on en croit la tradition, se suicida, car elle craignait que son vainqueur ne la fasse figurer dans son triomphe. Elle préféra la mort au déshonneur.

L'Empire pacifié

La prise d'Alexandrie fut aussitôt considérée comme l'une des dates les plus importantes du règne. Elle marquait l'annexion de l'Égypte à l'Empire mais aussi, en même temps, la fin des guerres civiles. Aussi est-ce un 1er août, en 2 avant J.-C., que fut inauguré à Rome le temple de Mars Ultor, Mars Vengeur, le dieu qui avait permis que fussent punis les meurtriers de César. Antoine disparu, l'Orient tout entier, où il avait voulu fonder son propre empire, fut aisément soumis et l'*imperium romanum* réunifié. Mais le problème qui était à l'origine de la guerre subsistait : quelle forme, quelle structure donner à l'État romain ? La vieille constitution républicaine – ou du moins l'ensemble des coutumes que l'on peut appeler ainsi – avait révélé trop de défauts pour que l'on pût imaginer de la rétablir telle quelle. Les structures sociales auxquelles elle correspondait autrefois avaient changé et ce qui pouvait suffire à une cité de dimensions médiocres était peu adapté quand il s'agissait d'un empire immense, comprenant des royaumes et des « nations » où subsistaient des formes politiques archaïques. Comment régir tant de pays, et tant d'êtres humains, depuis les déserts africains jusqu'aux antiques et prestigieuses cités du monde grec ? Les provinciaux aspiraient à un régime capable de les défendre contre les exactions d'antan, sans que soient bouleversées leurs traditions propres. Dans Rome même les représentants des vieilles familles sénatoriales souhaitaient, certes, retrouver leurs privilèges et recommencer leurs jeux habituels, mais elles étaient devenues moins nombreuses, en raison des guerres civiles ; beaucoup, aussi, étaient ruinées et se trouvaient incapables de tenir leur rang. Inversement, de nombreux immigrés, venus d'Orient ou de provinces comme les Espagnes, des Italiens, aussi, fuyant des campagnes appauvries, laissées en friche pendant les guerres, avaient afflué à Rome. La plèbe urbaine s'était trouvée grossie, et l'on avait pu mesurer, pendant les dernières années de la République, le danger que représentaient pour l'ordre public ces éléments populaires, déracinés, souvent oisifs et sans ressources. Une véritable révolution, pacifique, institutionnelle, qui intégrerait et classerait ces masses, s'avérait indispensable. Parmi ces immigrés figuraient aussi des notables, venus de leur municipe* ou de leur colonie, et susceptibles de renforcer l'aristocratie traditionnelle. Un chevalier de Gadès (Cadix), Cornelius Balbus, avait été un agent de César, et il y en avait d'autres.

Nous avons rappelé aussi que des sentiments nouveaux s'étaient fait jour dans l'opinion commune. On ne refusait plus à quelques « grands hommes » un prestige qui, autrefois, les aurait fait accuser d'aspirer à la royauté et eût, éventuellement, provoqué leur mort. On les considérait comme des personnages providentiels, appelés à « remettre de l'ordre » dans les affaires de l'État : au début du siècle, Sulla, plus tard Pompée. On attendait d'eux qu'ils maintiennent la « majesté » du peuple romain, poursuivent la conquête du monde et, d'une manière plus immédiate, assurent le ravitaillement de la Ville et aussi le déroulement des fêtes qui jalonnaient les saisons et ramenaient les Jeux*, symboles de la grandeur romaine, garants du pacte qui unissait la cité à ses dieux. L'antique aversion pour les rois allait s'estompant, par degrés. Encore ne fallait-il pas que l'inflexion des institutions vers la monarchie fût trop évidente. Le système politique imaginé et mis en place par Octave et ses conseillers, à leur retour d'Orient, devait tenir compte de tous ces impératifs, de tout ce qui avait changé dans l'État depuis le siècle précédent. Ne croyons pas que le « prince » – présenté, précisément, comme l'un de ces hommes miraculeux dont on attendait tout – se soit avant tout soucié d'assurer sa propre autorité et qu'il aspirât à transformer cette autorité de fait en une tyrannie inavouée. Ce qu'il se proposait, essentiellement, c'était de mettre en place des institutions capables de révéler et de rendre efficaces les forces réelles de la cité romaine, dont il était responsable depuis le jour où lui avait été confié son mandat de triumvir *rei publicae constituendae*, chargé de « remettre de l'ordre dans l'État ».

Les réformes politiques

C'est ainsi qu'Octave, consacré Auguste (c'est-à-dire, nous le verrons, doué d'une efficace divine) par le sénat, se mit au travail. Dans l'ancien régime, la brigue électorale avait été l'une des principales causes de troubles. Aussi le nouveau maître imagina-t-il plusieurs procédés pour la rendre inutile. À cette fin, il était concevable de diminuer les incertitudes entraînées par un vote incontrôlé des formations électorales (centuries et tribus). Claude, dans la célèbre inscription de Lyon, rappellera, comme précédent à sa propre réforme, qu'Auguste voulut faire entrer au sénat « toute la fleur, en tout lieu, des colonies et des municipes, c'est-à-dire des hommes de bien et des riches ». Auguste possédant, en vertu de ses pouvoirs consulaires, le droit de recevoir les déclarations de candidature, avait la faculté de présenter aux électeurs qui il voulait, parmi les élites provinciales, et il n'hésitait pas à accroître, de sa propre cassette, la fortune de ceux qui le possédaient pas le *cens* (c'est-à-dire le capital) requis par la loi. Auguste avait aussi le droit de recommander personnellement tel ou tel candidat au vote des électeurs, ce qui entraînait à coup sûr leur élection. Il ne faisait ainsi que se conformer à une coutume très ancienne, dont les murs de Pompéi portent témoignage, la *commendatio* qui permettait à n'importe quel citoyen de se porter garant, auprès des électeurs, des qualités d'un candidat. Mais une *commendatio* par le prince ne pouvait être négligée !

Malgré ces précautions, la brigue n'en continuait pas moins de sévir, si bien que l'on jugea nécessaire, en 8 avant J.-C., de promulguer une nouvelle loi, prévoyant que quiconque aurait donné de l'argent à qui que ce fût pour obtenir sa voix serait inéligible pour cinq ans. Les troubles n'en continuèrent pas moins au cours des années suivantes. Aussi, trois ans plus tard, en 5 avant J.-C., la loi *Valeria Cornelia* introduisit-elle une réforme profonde du système électoral, en créant dix centuries (c'est-à-dire dix collèges électoraux nouveaux), placées sous l'invocation de Gaius et Lucius Caesar, les deux petits-fils d'Auguste, qui étaient morts récemment. Ces dix centuries étaient composées de sénateurs et de chevaliers, ceux-ci pris parmi les membres de l'ordre équestre qui figuraient dans les tribunaux permanents. Leurs membres votaient pour l'élection des préteurs* et des consuls* et leur vote s'ajoutait à celui des autres centuries, selon une procédure qui ne nous est point parfaitement claire mais qui paraît bien leur avoir attribué une relative prééminence à l'intérieur du corps électoral. Cette loi eut évidemment pour effet d'accroître l'influence des classes « supérieures », celles que l'on appellera, au siècle suivant, les *honestiores*, par opposition aux *humiliores*, et qui bénéficieront de privilèges juridiques.

Une autre cause de troubles avait été, dans les derniers temps de la République, la rivalité entre les sénateurs et les chevaliers. Depuis que des membres des deux ordres siégeaient dans les tribunaux, côte à côte, cette rivalité avait perdu beaucoup de son acuité. Auguste poursuivit cette politique, qui associait les deux ordres à la conduite des affaires. Non seulement elle était une garantie de paix civile, mais accroissait les ressources en hommes, multipliant le nombre de ceux qui exerceraient des fonctions essentielles dans l'État et occuperaient, d'une manière durable, et indépendamment des hasards électoraux, des postes de grande responsabilité. Utilisant des facultés restées exceptionnelles dans l'ancien régime, Auguste créa des « préfets » *(praefecti)* et des procurateurs *(procuratores)*, qui ne dépendaient que de lui, et qu'il choisit parmi les chevaliers.

Le premier « préfet » ainsi créé fut celui d'Égypte,

établi dès la conquête. Puis ce fut, en 2 avant J.-C., une préfecture du prétoire, confiée à deux chevaliers, Q. Ostorius Scapula et P. Salvius Aper, qui reçurent le commandement de la garde personnelle du prince, son « prétoire ». Il y eut bientôt un « préfet de l'annone », chargé du ravitaillement de Rome, remplaçant les *curatores annonae*, des magistrats de rang sénatorial, délégués temporairement dans cette fonction pendant une crise. Le préfet de l'annone, lui, était un chevalier placé directement sous les ordres d'Auguste.

Ainsi, les réformes entreprises après la victoire et qui entraînaient une véritable restructuration de l'État semblent bien avoir été dictées par plusieurs principes : mettre en place des cadres stables pour assurer la gestion des services essentiels de l'Empire et, en même temps, utiliser les compétences d'hommes qui répugnaient à entrer dans le jeu de la vie politique traditionnelle, ceux que les philosophes épicuriens (et, plus proche, Lucrèce) mettaient en garde contre les « orages » du Forum et du Champ-de-Mars. On pense à l'ami de Cicéron, Pomponius Atticus, qui refusa le rang de sénateur, ou encore à Mécène, ou à d'autres moins célèbres, comme Annaeus Mela, le frère cadet de Sénèque, qui choisit une carrière de chevalier alors qu'il aurait pu être sénateur.

Une constitution mixte ?

Cette politique visait à créer une classe « moyenne », dont l'apparition allait modifier profondément la structure de la société romaine. Au temps de la République, Rome apparaissait comme un État essentiellement aristocratique. Avec le principat, la composante monarchique, naguère représentée par le consulat, qui n'en était que l'ombre, devenait prédominante. La composante aristocratique n'en était pas supprimée pour autant, mais, au lieu de former, comme trente ans plus tôt, une caste fermée, dans laquelle des « hommes nouveaux » avaient le plus grand mal à se glisser, elle s'ouvrait largement et, en quelque sorte, se dédoublait, en intégrant non seulement l'ordre sénatorial (renouvelé) mais l'ordre équestre. La vieille idéologie hellénistique, popularisée à Rome dès le temps de Polybe, un siècle environ avant la naissance d'Auguste, voulait qu'un régime politique ne fût « le meilleur possible » que si, aux composantes précédentes, s'en ajoutait une troisième, la démocratie, qui accordait au peuple un rôle dans l'État. Dans la Rome d'Auguste, cet élément ne fut pas oublié : les assemblées traditionnelles subsistèrent. Mais la manipulation des élections, que nous avons rappelée, en prévenait les excès, et, d'autre part, l'appel fait aux chevaliers apportait un élément de ce que l'on pourrait appeler une « démocratie tempérée ». La Constitution rêvée par les philosophes était-elle devenue une réalité ? Le régime voulu par Auguste éviterait l'écueil de la tyrannie, en laissant subsister les institutions traditionnelles ; il mettrait fin à la violence et aux intrigues des « grands » ; il rétablirait partout la prééminence de la loi. Tel semble bien avoir été le grand dessein du prince.

Le rôle du prince

Il n'en restait pas moins que le prince détenait, en fait, la presque totalité des pouvoirs. Possédant l'*imperium*, chef des armées, il était omniprésent dans l'Empire, mais, désireux de réaliser l'équilibre entre lui-même et les magistrats hérités de la « Liberté », il établit une distinction parmi les provinces* : les plus anciennes, pacifiées, continueront d'être administrées sous le contrôle du sénat, par un ancien magistrat (proconsul*, propréteur*) ; les autres, où la présence d'une armée était encore indispensable, étaient confiées à l'empereur, qui s'y faisait représenter par un lieutenant *(legatus)*, selon un procédé utilisé déjà sous la République, par exemple lorsque Pompée, qui avait reçu la province d'Espagne, n'en resta pas moins à Rome et se fia, sur le terrain, à l'action de ses *legati*. Parmi les provinces « sénatoriales », une seule, celle d'Afrique, possédait une armée, la légion* IIIe Auguste, établie aux confins de zones désertiques.

L'empereur disposait, parallèlement à ses *legati*, des administrateurs civils qui étaient ses agents en toutes sortes de domaines, en particulier celui des finances, les procurateurs, que nous avons mentionnés. Ce sont, en règle générale, des chevaliers, auxquels le prince a confié le soin de gérer ses biens, qui sont immenses, et dispersés dans toutes les provinces. C'était depuis longtemps l'usage, parmi les sénateurs, de recourir aux services de chevaliers pour la gestion de leurs affaires d'argent, eux-mêmes ne pouvant, légalement, tirer des ressources que de domaines sis en Italie. Les empereurs, dès le temps d'Auguste, continuèrent cette tradition. Les attributions des procurateurs tendirent à s'accroître. Certains se virent chargés d'administrer des provinces, dites, pour cette raison, procuratoriennes. Le plus souvent, ils restent des « financiers », qui ont à leur service des affranchis et des esclaves de l'empereur, c'est-à-dire des gens de sa maison.

Ce système présentait plusieurs avantages. Il assurait, dans l'Empire tout entier, la mainmise du prince et, ce qui, peut-être, était plus important, plaçait, à côté du gouverneur (propréteur, *legatus*, etc.) un agent de l'empereur, qui faisait peser sur celui-ci un contrôle permanent. Un passage célèbre de la *Vie d'Agricola* montre comment était ressentie cette situation. Tacite, exposant les griefs des Bretons contre la domination romaine, leur fait dire : « Autrefois, chaque peuple n'avait eu qu'un roi ; maintenant, on leur en imposait deux, dont l'un, le gouverneur, s'en prenait à leur vie, l'autre, le procurateur, à leurs biens… » (XV, 2). Comme on peut le penser, les conflits n'étaient pas rares entre ces deux représentants du pouvoir, dont l'un avait toute liberté pour espionner l'autre.

L'un des problèmes les plus urgents qui se posaient à Auguste était d'éviter, ou de prévenir, des abus semblables à ceux des gouverneurs qui, au temps de la République, avaient déshonoré la domination romaine. L'institution des procurateurs était un moyen d'y parvenir. Mais Auguste ne s'en tint pas là. Usant du droit, que lui conférait son *imperium* proconsulaire, de prendre des édits qui auraient force de loi dans les cités provinciales, il établit toute une législation pour faciliter le recours des provinciaux contre les abus de toutes sortes dont ils pourraient être victimes. Ainsi, ont été découvertes, à Cyrène, en 1926, des inscriptions qui nous ont conservé le texte de cinq édits instituant une jurisprudence destinée à garantir la « liberté » des provinciaux, par exemple en décidant que les tribunaux, en matière criminelle, devraient être composés par moitié de juges romains et de juges grecs (originaires de la province elle-même). Il s'agit d'éviter que les résidents romains n'exercent une tyrannie de fait sur les citoyens d'origine grecque. Mais il était concevable aussi que des abus soient commis par les autorités de la cité elle-même. Aussi ceux des gens de la province qui se jugeaient lésés par leurs concitoyens pouvaient faire appel devant le gouverneur, voire, dans certains cas, à l'empereur lui-même. Toutes les précautions étaient prises pour que la décision n'appartînt jamais à un seul homme. En cas d'appel au prince, celui-ci juge « en son conseil », lorsqu'il ne renvoie pas, simplement, l'affaire devant le sénat.

Un historien ancien, Dion Cassius, nous dit quelles précautions prenait Auguste pour qu'on ne pût l'accuser de tyrannie. Il commençait par faire proposer au peuple le texte des lois qu'il envisageait et invitait chacun à lui présenter les objections ou les réflexions que ce texte lui suggérait. Ce qui était une attitude conforme à l'esprit « démocratique », qu'il voulait maintenir dans la cité.

L'empereur, être divin

Auguste apparaissait donc, et de sa propre volonté, non seulement comme le guide de celle-ci mais comme le protecteur de tous. Ce qui revenait à le considérer comme un être plus qu'humain. Déjà les honneurs accordés à César (son père adoptif) avaient fait du dictateur mort un véritable dieu. *Diui filius* (fils d'un être divin), Auguste ne pouvait manquer d'être considéré comme possédant lui aussi une nature divine. Aussi, de très bonne heure, et avant même la victoire d'Actium, certaines cités italiennes, spontanément, l'associent à leurs dieux, et des manifestations analogues apparaissent dans l'Empire, en Orient surtout, où le culte des Souverains était habituel, et où Antoine s'était arrogé le titre de « Nouveau Dionysos* », auprès de Cléopâtre, la « Nouvelle Isis* ». La divinisation d'un être humain, que n'avait pas ignorée la Rome des premiers temps, était acceptée par tous, non seulement dans l'opinion commune, mais par les philosophes, nombreux à souligner la parenté de l'âme humaine avec la divinité. Elle signifiait, essentiellement, que cet être avait fait la preuve, dans sa vie, qu'il était animé par une force particulièrement efficace et, s'il s'agissait d'un homme d'État, qu'il avait été « heureux », *felix*, dans tout ce qu'il avait entrepris et, par conséquent, bénéfique à sa patrie. Telle est la signification du titre d'*Augustus*, que le sénat décerna à Octave au mois de janvier 27. Plus d'un demi-siècle auparavant, le dictateur Sulla avait été, de la même façon, qualifié de *felix*, mais il était évidemment impossible d'attribuer la même épithète à Octave. Le temps de Sulla avait laissé de trop mauvais souvenirs ! L'imagination des sénateurs sut trouver un équivalent honorable.

Ce titre d'*Augustus* sera désormais repris par tous les empereurs, même ceux qui, comme Tibère, refusèrent celui d'*imperator*. La fonction impériale est inséparable de la sacralité. L'empereur est *Augustus* par le fait même qu'il a été porté au pouvoir. Il n'est pas besoin d'une autre justification, par les actes. Sa divinité est inhérente à l'institution du principat, qui est la clef de voûte de l'Empire. Il y a longtemps que celui-ci est reconnu comme une réalité divine. Si l'on en croit Tacite (*Annales*, IV, 56), les habitants de Smyrne avaient été les premiers à avoir institué un culte en l'honneur de Rome, considérée comme une déesse. Cela se passait en 195 avant J.-C., l'année où Caton était censeur.

L'empereur, vivant, n'est pas encore un dieu, il est l'agent de la divinité, l'âme de cet être transcendant qu'est l'État romain. Telle est la mission qui lui est confiée. S'il s'en montre digne, le peuple romain le divinisera définitivement, lorsqu'il aura achevé sa vie terrestre. Il deviendra alors *divus*, et recevra un culte officiel. Ainsi pour César, puis pour Auguste. Mais ni Tibère ni Caligula ne seront admis dans ce panthéon ; le jugement porté sur leur règne ne le permit pas. Il y eut ainsi, dans la mémoire de Rome, de « bons » et de mauvais empereurs, les premiers seuls eurent des temples et des prêtres, mais tous, en leur vivant, avaient participé de la puissance des dieux.

L'impérialisme augustéen

Auguste eut pour dessein d'inclure dans l'Empire la totalité du monde. Du moins il l'affirme. Le titre donné aux *Res Gestae** déclare sans ambages que les « actes du dieu Auguste » ont eu pour résultat de soumettre « l'ensemble de la terre au pouvoir du peuple romain », et la cuirasse de la célèbre statue d'Auguste, retrouvée à Prima Porta, traduit en images cette même ambition, que le prince fut bien loin de réaliser. Il dut commencer par rétablir la paix à l'intérieur de certaines provinces où l'administration romaine se trouvait en difficulté. C'est ainsi que, dès 27, il dirigea plusieurs campagnes dans les Asturies et la future province de Léon, contre les Cantabres, mais il ne put les poursuivre au-delà de l'année 24, au cours de laquelle il tomba malade et dut rentrer à Rome. Il revint en Espagne dix ans plus tard, entre 16 et 13 avant J.-C. et put alors donner à la péninsule son organisation définitive, en la divisant en trois provinces, la Bétique (au sud), la Tarraconaise (l'est de l'Espagne centrale) et la Lusitanie (environ le Portugal actuel).

Pendant les mêmes périodes, Auguste dut intervenir en Gaule, où subsistait, çà et là, le souvenir de l'indépendance. Déjà les Aquitains s'étaient soulevés, depuis la mort de César. En 38, Agrippa remporta sur eux une victoire qui ne fut pas décisive et, en 31, Valerius Messalla Corvinus, un autre des « maréchaux » d'Octave, conduisit contre eux une campagne qui lui valut le triomphe. Mais l'ensemble des Gaules resta suffisamment paisible pour qu'Auguste, entre 16 et 13, pût s'installer à Narbonne, afin d'y effectuer le *cens*. La pacification des peuples inclus dans la « Gaule chevelue » impliquait en effet l'intégration administrative dans l'Empire, et cela entraînait le recensement de tous les hommes libres, citoyens romains ou membres des cités indigènes. Ce recensement, traditionnel à Rome et en Italie, avait plusieurs fins et permettait de connaître les ressources en hommes (pour la levée) et en argent (pour l'assiette de l'impôt). Au cours de cette période, il est possible de discerner une politique d'expansion, sur laquelle nous sommes assez mal renseignés, mais qui conduisit les généraux romains à pénétrer en Germanie. C'est ainsi, nous dit-on, qu'Agrippa franchit le Rhin, nous ne savons à quel moment. Nous savons seulement qu'il accueillit les Ubiens, un peuple germanique, à l'intérieur du territoire gaulois et fonda pour lui, à l'emplacement de la future Cologne, une colonie, la *colonia Agrippinensis Ubiorum*, où devait naître la mère de Néron. Déjà s'esquissent deux traits dominants de la politique romaine, désireuse de tempérer (voire de remplacer) la conquête militaire par l'assimilation de ceux qui, autrefois ennemis, deviennent des alliés *(socii)*.

La chaîne des Alpes était occupée par des populations indépendantes. Jusque-là, ces montagnes avaient été traversées, mais jamais véritablement occupées. Auguste entreprit de le faire. Au terme de très longues campagnes il put enfin élever sur la route qui surplombe la mer, à La Turbie, un trophée consacrant sa victoire définitive. Mais cela ne se produisit qu'en 7 avant J.-C.

Ce fut aussi un problème de communication entre les provinces qui conduisit Auguste à occuper l'Illyricum, c'est-à-dire l'ensemble des pays situés à l'est de l'Adriatique. La marche vers le Danube est dès lors commencée. Agrippa est chargé des opérations, en 13 avant J.-C., mais il meurt brusquement l'année suivante. La même année, Drusus, l'un des beaux-fils d'Auguste, est chargé d'effectuer une incursion profonde en Germanie. Il franchit le Rhin, dans sa basse vallée, à Xanten et se dirige vers l'est. L'année suivante, nouvelle offensive, cette fois à partir de Mayence, puis dans la vallée du Main. Un troisième axe fut choisi pour une reconnaissance profonde conduite par Drusus en 10 avant J.-C., qui parvint jusqu'à l'Elbe, où elle s'arrêta, sur l'ordre d'Auguste lui-même, disent les historiens modernes, ce qui ne signifie nullement que l'empereur ait brusquement renoncé à son dessein, évident jusque-là, de préparer une intégration des peuples germains dans l'Empire. Drusus mourut en 9 avant J.-C., d'une chute de cheval, alors qu'il revenait vers l'ouest, et ce fut Tibère, son frère aîné, qui reçut l'ordre de lui succéder et, naturellement, de continuer sa politique. C'est ainsi que, dès 8 avant J.-C., il transféra les Sicambres sur la rive gauche du Rhin – comme Agrippa l'avait fait pour les Ubiens. La Germanie paraissait se prêter à l'intégration projetée. Une armée romaine, conduite par L. Domitius Ahenobarbus, le grand-père de Néron, atteignit une nouvelle fois l'Elbe, probablement en 4 avant J.-C., et une autre, dix ans plus tard, conduite par Tibère, au cours d'une opération combinée des troupes de terre et de la flotte, depuis le Jutland jusqu'à la haute vallée de l'Elbe, marqua ce qui semblait devoir être la limite (provisoire !) de l'Empire. Auguste déclara que la Germanie formerait à l'avenir une province, dont le centre politique serait la colonie des Ubiens, où on éleva un autel consacré à la divinité de Rome et d'Auguste, comme l'avait été, quelques années plus tôt, celui de Lyon, au nom des « trois Gaules ». La continuité et la cohérence de la politique d'Auguste sont évidentes.

Mais tout ce montage, diplomatique et militaire, allait être mis en échec par une rébellion, que provoqua un Chérusque*, Arminius, naguère officier d'une troupe auxiliaire au service de Rome – situation analogue à celle de Vercingétorix ! Comme le légat de Germanie, Quintilius Varus, se comportait plus en magistrat civil qu'en chef militaire, il fut aisément dupé par Arminius, qui lui tendit une embuscade, alors que le légat, à la tête de trois légions, à la fin de l'été, en 9 après J.-C. regagnait la Gaule avant la mauvaise saison. L'embuscade eut lieu dans la forêt de Teutbourg (située peut-être dans la région de Detmold). Les trois légions furent massacrées. Varus se suicida.

Cet événement brisa l'énergie d'Auguste, qui était alors dans sa soixante-douzième année, et mit un terme à sa politique d'expansion en Germanie, au point que, dit-on, il donna alors à Tibère le conseil de renoncer à toute conquête, lorsqu'il serait au pouvoir. Le mot est fort probablement inexact et l'on ne peut croire que l'empereur ait réellement souhaité l'arrêt total et définitif des conquêtes, mais il s'accorde assez bien avec la prudence évidente dont Auguste fit preuve en Orient. Pour effacer le souvenir du désastre subi, en 53 avant J.-C., par Crassus, à Carrhes, en face des Parthes, il usa de diplomatie et put, sans coup férir, récupérer, en 20 avant J.-C., les aigles des légions vaincues et faire libérer les prisonniers encore retenus par l'ennemi. Des rois favorables à Rome furent imposés à l'Arménie, traditionnellement pays vassal des Parthes. Mais ils eurent beaucoup de mal à se maintenir au pouvoir et l'influence de Rome sur le royaume resta fort incertaine. Sur ce front, il était évident que le prince avait abandonné un projet de César, dans lequel il était lui-même impliqué, lorsqu'il résidait à Apollonie, comme nous l'avons rappelé. Son action, dans cette région du monde, consista essentiellement en un aménagement « administratif » des territoires : suppression du royaume du Pont, qui fut démembré et rattaché, en partie à la province de Bithynie et en partie à celle de Galatie ; transformation de la Judée en une province confiée à un procurateur. Ces pays formeraient un glacis protecteur et, éventuellement, mais plus tard, une base de départ pour la conquête du monde.

On voit que la politique orientale d'Auguste applique les mêmes principes que sa politique en Gaule et en Espagne, voire en Germanie : une remise en ordre, imposée par la situation héritée de la République, où ne manquaient pas les incohérences et où Rome paraissait impuissante à franchir la distance qui sépare la conquête de l'assimilation. L'Empire allait-il, après cette halte, reprendre la première, allait-il s'arrêter et se borner à une romanisation partielle du monde ? Le problème restait posé.

CHAPITRE III

LE SIÈCLE D'AUGUSTE

Ni la politique extérieure d'Auguste, avec ses réussites et ses hésitations, ni sa « remise en ordre » de l'administration intérieure n'auraient certainement suffi à assurer la gloire du prince, dont le nom est resté attaché à l'ensemble du siècle où il vécut. Si l'on a longtemps parlé, et si l'on parle encore d'un « siècle d'Auguste », c'est parce que ce temps fut celui de Virgile, d'Horace, de Tite-Live et de quelques autres, et que, pour cette raison, il est considéré comme l'un de ceux où l'esprit humain atteignit ses plus hauts sommets.

Un siècle de poètes

En fait, le « siècle d'Auguste » marque l'apogée de la littérature latine, et ce qui devait devenir son classicisme. Mais, si l'on ne consent pas à recourir aux idées reçues, il apparaît bien vite que la personne d'Auguste et son action personnelle y furent pour bien peu. Tout, avant lui, était préparé pour cette floraison. La poésie avait commencé son renouveau avec Catulle, bien avant la naissance du futur empereur. Catulle avait acclimaté les formes de la lyrique grecque et montré que la langue latine se prêtait fort bien à l'expression du sentiment amoureux. Et Catulle ne fut jamais un « césarien » fervent. Il mourut bien avant que surgît le principat. Si Cornelius Gallus fut l'un des « maréchaux d'Octave », il ne le dut pas à sa maîtrise du genre élégiaque, où il s'était illustré en un temps où Octave partageait le pouvoir avec Antoine, et sa gloire poétique n'empêcha pas sa mise en accusation et sa condamnation, lorsqu'il fut préfet d'Égypte. Virgile lui-même avait eu comme premier protecteur un lieutenant d'Antoine, Asinius Pollion, qui gouvernait la Cisalpine. Il ne se rallia au nouveau maître qu'après la paix de Brindes, qu'il chanta comme un recommencement du monde. Horace, au début de sa carrière poétique, fut franchement républicain. Il combattit aux côtés de Brutus à la bataille de Philippes et fit, pendant un certain temps, figure de poète d'opposition, fort critique à l'égard de la société nouvelle issue des guerres civiles. C'est seulement son amitié avec Mécène qui le rallia au nouveau pouvoir. Faut-il enfin rappeler que le plus notable poète de la seconde génération, Ovide, finit sa vie en exil, banni par le prince lui-même pour des raisons mystérieuses, probablement d'ordre politique ?

Les poètes de ce siècle ne sont pas, quoi qu'on en ait dit, au service d'Auguste, ni même, plus généralement, de l'idéologie qui est la sienne. À plus forte raison ne sont-ils pas des poètes courtisans. Properce, préoccupé d'abord de son amour pour Cynthie, n'accorde que peu de place à ce qui peut ressembler à une inspiration nationale, et encore le fait-il, sans doute, sous l'influence de Virgile et non pour complaire au prince. Quant à Tibulle, un peu plus âgé que Properce, il eut comme protecteur M. Valerius Messalla Corvinus, dont nous avons mentionné le rôle dans la pacification de la Gaule. Une tradition vieille d'au moins deux siècles voulait que les poètes s'attachent à un grand personnage, qui devenait en quelque sorte leur patron. C'est ainsi qu'Ennius avait été amené à chanter les exploits de M. Fulvius Nobilior en Étolie. Messalla Corvinus, tout en collaborant avec Octave depuis le temps du triumvirat, n'en conservait pas moins son indépendance spirituelle ; appartenant à la plus ancienne noblesse, il n'approuvait pas sans réserves les innovations du régime nouveau. Il était en cela bien différent de Mécène, favorable, dès le début, à une monarchie. Messalla et Mécène « protégeaient » l'un et l'autre les poètes, mais ils le faisaient dans un esprit différent. Autour de Messalla nous rencontrons Tibulle, poète de l'amour, et la poétesse Sulpicia, qui chante sa passion pour le beau Cerinthus, et un jeune poète, que nous ne connaissons que par son surnom de Lygdamus. C'est dans ce groupe qu'Ovide fit ses débuts. Là, on se souciait peu de politique. On y continuait la tradition de Catulle, celle d'un lyrisme « gratuit ».

Le cercle de Mécène

Le cercle des poètes rassemblés autour de Mécène est, lui, dominé par la forte personnalité et le génie de Virgile qui, après avoir sacrifié aux gentillesses des « nouveaux poètes », et composé des pièces légères, découvre une nouvelle source d'inspiration : l'héritage italique qu'il porte en lui et qui lui dicte successivement les *Bucoliques*, les *Géorgiques* et enfin l'*Énéide*, mythe fondateur de la « nouvelle Rome ». Persuadé, depuis le temps où il compose la cinquième Églogue, en l'honneur de Daphnis-César, que les Julii ont mission de patronner cette terre qui est la sienne, d'en assurer la survie, la prospérité et la gloire, il n'a nul besoin des conseils de Mécène pour se ranger du côté d'Octave, reconnu, nous l'avons rappelé, comme le « chef », le guide de l'Italie tout entière. Dans l'œuvre de Virgile, c'est l'Italie qui est présente, une Italie rassemblée par Rome et autour d'elle. La légende des origines troyennes n'est pas empruntée, pour les besoins de la cause, à des historiens grecs. Nous savons aujourd'hui qu'elle était présente, depuis des siècles, en pays étrusque, comme l'ont montré des statuettes découvertes à Véies, où existait un culte d'Énée. On ne saurait prétendre, comme autrefois, que l'idée première de l'*Énéide* ait été suggérée à Virgile par Mécène, pour servir la propagande d'Auguste, pas plus que le sujet des *Géorgiques* ne répondit à une intention politique, voire économique, au désir de stimuler l'agriculture italienne. La force qui anime le poète est la sienne, et non une habileté d'un conseiller en publicité. Il se trouve qu'elle correspond au grand mouvement de pensée auquel Octave-Auguste est alors en train de donner un corps, à la métamorphose qui va faire de l'Italie dominée par Rome un ensemble politique intégré à l'intérieur d'un *imperium* accepté par tous les peuples, qui prennent peu à peu conscience d'appartenir à un même univers spirituel.

Horace, lui aussi, dès qu'il commença d'écrire, le fit en disciple des poètes du siècle précédent – comme Virgile « imita » Ennius – et choisit le genre italique par excellence, la *satura*, illustré cent ans plus tôt par le Campanien Lucilius. Horace, poète moraliste (dans les *Sermones*, c'est-à-dire les satires et les épîtres), use, dans ses évocations des personnes et des mœurs, d'un réalisme proche de celui dont témoignent les portraits de la sculpture contemporaine, issus de la tradition italienne. Il récuse l'enseignement des philosophes, satisfait de la sagesse naturelle, spontanée, des paysans d'autrefois. Très proche de Mécène, peut-être plus que ne le fut jamais Virgile, il n'en défend pas moins son indépendance vis-à-vis de son bienfaiteur. Il n'est au service de personne. Lorsque Auguste lui demanda de devenir son secrétaire particulier, il refusa. Sa participation à la « révolution morale » qui s'opère autour de lui s'explique par une adhésion volontaire ; elle n'est pas l'obéissance à un mot d'ordre. Il compose des pièces lyriques où il célèbre les vertus traditionnelles, reconnues, sinon pratiquées par les Romains et les « paysans » italiens, ces fils de la lointaine Apulie, dont il se réclame : la pauvreté, le courage, le patriotisme, le sens de la discipline et, par-dessus tout, la *Virtus,* l'énergie intérieure qui, seule, est garante de liberté. Il attend d'Auguste qu'il restaure ce vieil idéal. Il compare le prince à Jupiter (ce qui, nous le savons, n'a rien d'étrange ni d'outré dans la logique de la théologie de l'*imperium*). Non moins logiquement il approuve les objectifs d'une politique extérieure devant assurer l'extension de l'Empire en Bretagne (afin de réaliser la conquête du monde vers le couchant) et en Orient, avec la revanche sur les Parthes. Enfin, il invite les Romains, comme Auguste commença très tôt à le faire, à restaurer les sanctuaires en ruines, à retrouver l'esprit de la religion traditionnelle et ranimer le culte des dieux qui ont fait la grandeur de l'Empire.

Tels sont les grands thèmes développés par Horace dans ses odes morales. Il est difficile de penser que le poète ait voulu réellement donner des conseils au prince ou que Mécène ait eu besoin de dicter au poète le contenu (souhaité) de ses poèmes. Ni flatterie ni volonté de propagande, mais une réaction personnelle d'Horace, une adhésion profonde à cette renaissance ou plutôt cette seconde naissance de Rome qu'il pressentait autour de lui et que Virgile chantait à ses côtés.

Avec Horace et Virgile, la poésie romaine atteint son apogée. Elle exprime ce qu'il y a de plus profond dans l'âme romaine et cesse d'être un jeu d'esprit. La poésie didactique, telle que l'avait pratiquée Lucrèce, est passée de mode. Les autres genres déclinent, au moins ceux qui avaient brillé depuis plus de deux siècles sur les scènes italiennes ; comédie, tragédie perdent beaucoup de leur vitalité. On reprend des pièces anciennes. On en crée peu de nouvelles et rien ne montre mieux le peu de pouvoir du prince sur la vie littéraire que cette évidente décadence du théâtre à ce moment. Auguste aimait le théâtre ; lui-même avait composé une tragédie, qu'il jugea fort mauvaise. L'un de ses « amis », Varius, donna un *Thyeste*, que l'on admira beaucoup ; cette pièce est aujourd'hui perdue. Auguste, pendant la dernière période de sa vie, presse Horace de susciter des auteurs dramatiques, mais en vain. Le poète, dans l'*Art poétique*, suggère à ses amis, les Pisons, de se consacrer au théâtre, mais dans une épître adressée à Auguste lui-même, il montre les difficultés, quasi insurmontables, d'une telle entreprise. Le temps en est passé, et le prince n'y peut rien. Reste une possibilité : composer des pièces faites pour la seule lecture, et non pour la scène. Ce que devait faire Ovide, avec une *Médée*, qui est lue en public, mais n'est pas représentée. Le théâtre vivant, celui que les spectateurs applaudissent, refuse de plus en plus les formes littéraires, il est fait de mises en scène, de danses, accompagnées de musiques de plus en plus envahissantes. Horace le constate avec regret. Il le dit. Le mime se substitue à la parole, et Auguste n'y peut rien.

Si la poésie latine atteint son apogée sous le règne d'Auguste, elle le doit au fait que des poètes de génie viennent alors au monde et que les deux plus grands d'entre eux se révèlent capables de capter les forces spirituelles que la rupture avec le régime de la vieille cité avait libérées. L'avènement du principat n'est pas seulement une révolution politique et l'élargissement de la classe dirigeante, ainsi que la participation au pouvoir d'hommes issus de provinces* de plus en plus lointaines, il coïncide avec l'apparition de forces nouvelles dans le domaine de la culture et l'effacement de certaines autres ou leur transformation. Plusieurs causes contribuent à cette métamorphose de la littérature. Certaines, qui avaient commencé à agir dès avant le temps des guerres civiles, cessent de faire sentir leur action, d'autres interviennent, si bien que, peu à peu, le paysage littéraire se transforme.

Avènement de la prose écrite

S'il est vrai que le siècle d'Auguste est, par excellence, celui de la poésie, la prose littéraire n'y apparaît que comme un avatar d'un mode d'expression dont l'apogée a été atteint une génération plus tôt, avec l'œuvre de Cicéron, et a pris fin, symboliquement, avec la mort de celui-ci. Jusqu'à ce moment la prose était indissolublement liée à l'éloquence, et celle-ci aux luttes politiques, et cela depuis, au moins, le dernier tiers du IIe siècle avant J.-C. Elle était une arme que l'on s'efforçait de rendre aussi efficace que possible. Les discours sont prononcés devant les assemblées populaires, devant les tribunaux, ou encore au sénat. Ils sont destinés à agir sur un public donné. On ne les publie que pour prolonger leur action, mais ce n'est là qu'une fonction secondaire.

Avec le principat, les assemblées ne jouent plus qu'un rôle réduit ; les tribunaux sont contrôlés par le prince ; au sénat, les décisions sont prises à l'initiative de celui-ci. L'éloquence perd sa prééminence. Aussi, plutôt qu'aux discours, recourt-on aux pamphlets, aux « messages » écrits, plus durables, et susceptibles d'exercer une action plus profonde, sur un public plus vaste. Salluste, Cicéron, César en usèrent. On s'aperçoit alors que le genre historique est celui qui se prête le mieux à l'analyse politique. Faisant appel à la raison critique et non à la passion, ultime ressource de l'éloquence, l'histoire persuade mieux et plus sûrement.

L'historien par excellence de ce siècle fut Tite-Live, contemporain presque exact d'Auguste, né peut-être un an avant lui, mort trois ans plus tard que le prince. Il voulut retracer toute la vie de cette Ville à laquelle les dieux ont donné une si étonnante fortune. Pas plus que Virgile, Tite-Live n'est originaire de Rome. Il naquit à Padoue, dans cette Vénétie où, dit-on, avaient abordé les Troyens chassés de Phrygie, venus en Italie avant même Énée et ses compagnons. Il est, vis-à-vis de Rome, dans une situation analogue à celle du Cisalpin Virgile, témoin, comme lui, de la transformation profonde que connaît alors le monde et qui ne peut se comprendre que par la connaissance du plus ancien passé romain, mais, tandis que Virgile la demande au mythe et à l'intuition poétique, Tite-Live s'efforce de découvrir la vérité et s'adresse à la raison, n'hésitant pas à qualifier de légendaires les traditions relatives aux origines de la cité romaine. Son récit expose des faits et, en même temps, les commente et les complète par l'analyse de la pensée des acteurs, ce qui fait de son *Histoire* à la fois une épopée aux multiples épisodes et une suite de drames. Ce double caractère marquera, pour des siècles, le genre historique.

Tite-Live prend-il parti ? Une tradition veut qu'il se soit montré plus favorable à Pompée qu'à César et qu'Auguste lui en ait fait la remarque. Cela ne compromit pourtant en rien l'amitié qui l'unissait au prince. Il est clair qu'Auguste accepte le passé romain dans son intégralité, qu'il veut oublier les luttes récentes et les querelles de partis. La Rome qu'il reconstruit n'est ni celle des « populaires » ni celle des « oligarques ». À ses yeux les hommes comptent moins que la continuité du Destin, aussi ne se montre-t-il pas intolérant envers les historiens, au moins dans certaines limites. Sénèque, dont le père composa, sous Auguste, une *Histoire de Rome,* dira : « Sous le dieu Auguste ce que l'on pouvait écrire n'était pas encore source de danger, mais déjà d'ennuis » (*Des Bienfaits,* III, 27). Avec Tibère le pouvoir se montrera plus sévère.

Diffusion de la culture

Cette puissance de l'écrit, très vite reconnue, entraîna le développement d'une vie culturelle à la fois plus intense et plus généralisée qu'à l'époque précédente. Naguère, les œuvres littéraires de toute nature n'étaient accessibles qu'à ceux qui pouvaient en acquérir une copie ; les livres circulaient entre amis. César, le premier, entreprit de créer à Rome une bibliothèque publique. Il demanda à Varron, érudit universel, d'en assurer la réalisation. Peut-être le dictateur voulut-il, sur ce point aussi, s'égaler à Alexandre et aux rois de Pergame, créateurs, eux aussi, de bibliothèques. Mais le temps lui manqua, et l'entreprise fut interrompue. Le projet fut finalement mené à bien par le protecteur de Virgile, Asinius Pollion, qui, dès 35 avant J.-C., inaugura une bibliothèque, en partie double, une bibliothèque latine et une bibliothèque grecque, qu'il avait fait construire sur l'Aventin, grâce au butin rapporté de sa campagne de Dalmatie, en 39. Pline l'Ancien écrira de lui qu'en dédiant cette bibliothèque, il avait mis « le génie des hommes à la disposition de tous » (*Histoire Naturelle*, XXXV, 10).

Le même Pollion passe pour avoir le premier donné lecture de ses œuvres devant un public d'invités. La mode s'en répandit et les *recitationes* restèrent longtemps l'une des activités « mondaines » les plus en faveur dans la Rome impériale. Et nous avons vu que le théâtre littéraire lui-même, abandonnant la scène, devint matière à *recitatio*.

De même, les bibliothèques ne tardèrent pas à se multiplier. Auguste en fit construire deux (une grecque, une latine) parmi les annexes du temple qu'il éleva à son protecteur Apollon, sur le Palatin, au voisinage de sa propre demeure et sa sœur, Octavie, en installa une autre dans son célèbre Portique, au pied du Capitole. Les bibliothèques font partie, désormais, des monuments qui constituent une ville romaine, aussi bien en Occident qu'en Orient. Il en est une, par exemple, en Afrique, dans la lointaine Timgad, fondée vers le temps où Trajan en élevait une autre – la Bibliotheca Ulpia, sur son forum – non loin de la célèbre Colonne.

Ainsi, pour reprendre la formule de Pline, tout ce qu'avait produit le génie des hommes se trouvait-il, grâce à l'Empire romain, mis à la disposition de tous. Et cela est conforme à l'esprit de cet *imperium*, porteur d'*humanitas**.

Les rhéteurs

Dans cet Empire se développait en même temps et se généralisait un enseignement, que nous qualifions de littéraire et qui, alors, constituait toute la formation des esprits. Cet enseignement, hérité du siècle précédent, était orienté vers l'acquisition de l'éloquence. Il avait été apporté à Rome, vers la fin du IIe siècle avant J.-C., par les rhéteurs grecs, qui avaient fondé leurs écoles un peu partout en Orient. Sur leur modèle, des rhéteurs « romains » avaient tenté d'adapter leurs préceptes à la langue latine, mais les sénateurs n'avaient pas tardé à interdire leur enseignement ; ils estimaient que les subtilités de la rhétorique étaient trop proches de la sophistique pour que les jeunes Romains puissent s'y initier sans perdre leur âme ! Puis, les temps avaient changé et, dès la fin de la République, il existait à Rome des rhéteurs latins, dont l'activité ne fit que s'accroître avec le principat. Déjà Cicéron, dans ses dernières années, alors que l'éloquence politique avait cessé d'exister – et de le pouvoir –, avait lui-même pratiqué les « déclamations », dans la solitude de ses villas et donné des leçons à ses amis, comme Hirtius et Pansa, les futurs consuls de 43… Ces exercices étaient ceux que les maîtres de rhétorique enseignaient à leurs élèves, pour leur apprendre, d'abord à penser, à découvrir des idées, à construire des raisonnements justes, puis à exposer tout cela dans l'ordre le plus clair et le plus efficace, et dans la langue la plus pure.

Le livre de Sénèque le Père, intitulé *Suasoriae et controversiae (Discours pour persuader et discours pour défendre une cause)*, nous révèle les noms des principaux maîtres de rhétorique sous le principat d'Auguste et les méthodes de leur enseignement. Rien, là, qui relève de la politique active. Tout se passe dans un monde inactuel, tantôt un passé, historique, certes, mais lointain, tantôt une pure fiction. On exhortera Hannibal à marcher sans plus attendre contre Rome ou on imaginera les aventures d'une jeune fille enlevée par des pirates, et ce qui s'ensuivit. Toute cette préparation est censée conduire à la pratique réelle, former des avocats aptes à défendre n'importe quelle cause devant un tribunal réel, mais on sait bien aussi que ce moment peut ne jamais venir, et, peu à peu, l'exercice devient une fin en soi et, comme l'éloquence n'a plus son rôle d'autrefois, cette rhétorique sera celle de l'écrit. Beaucoup de contemporains le déplorent : Sénèque le Père tout le premier, mais aussi le pseudo-Longin, dans le traité *Du Sublime*, et, à la génération suivante, Pétrone, qui accuse les déclamateurs de plonger leurs élèves dans un monde irréel.

Cet enseignement, dénoncé aussi dans le *Dialogue des orateurs*, au début du règne de Trajan, par Tacite qui regrette la « décadence » de l'art oratoire et en discerne bien les causes, marque en réalité une mutation profonde de la vie littéraire, parallèle à celle qui dans la vie politique avait abouti à l'avènement du régime impérial. La vieille éloquence était née de la cité, fermée sur elle-même, où les citoyens étaient à portée de voix. La rhétorique, en dépit de son nom dérivé de celui des orateurs, est un art d'écrire, et aussi de penser. Elle fait accéder l'expression à une universalité à laquelle elle ne pouvait prétendre jusque-là. À cet égard, elle se rapproche de la poésie, dont elle partage l'ambition d'éternité.

Les philosophes

Cicéron, dans les dernières années de sa vie, avait entrepris de rédiger un corpus philosophique. Dans la préface du traité *Sur les termes extrêmes des biens et des maux (De finibus bonorum et malorum)*, il avoue que son entreprise choquera l'opinion, peu favorable à de telles études et que des travaux de cette sorte ne sauraient être menés qu'en grec (*De fin.*, I, 1). Il est certain que, pendant le siècle d'Auguste, le grec reste la langue philosophique. C'est ainsi que Sextius le Père, contemporain de César, fondateur d'une secte inspirée du stoïcisme, mais aussi du pythagorisme, et demandant à la philosophie des maximes pratiques pour la conduite de la vie, enseigne en grec. Les philosophes qui entourent Auguste, et sont de véritables directeurs de conscience pour lui-même et ses proches – sa sœur Octavie notamment –, sont grecs. Leur langue est alors inséparable du contenu de leur pensée. Les Romains de ce temps pratiquent l'une et l'autre langue, depuis l'enfance, et cela explique que la tentative de Cicéron, pour montrer que le latin se prête, aussi bien que le grec, à la réflexion philosophique, ait longtemps trouvé peu d'échos. Il y a là un courant irrésistible, continu, à travers les deux premiers siècles de l'Empire, et qui aboutit aux *Pensées* de Marc Aurèle. Cette persistance du grec comme langage de la vie morale contribue à unir entre elles les deux moitiés de l'*imperium*, comme le montrera ce qu'il est convenu d'appeler le « renouveau de l'hellénisme », avec la seconde sophistique. Virgile a choisi de considérer comme vérité historique la légende d'Évandre, Arcadien venu à Rome et installé sur le Palatin – la colline d'Auguste. L'historien grec Denys d'Halicarnasse présente des arguments en faveur d'une origine grecque de la Ville. Entre le monde hellénique et le monde latin, aucune opposition profonde. L'idée prévaut d'une harmonie culturelle. Si, deux siècles plus tôt, les Romains n'étaient pas sans se défier des modes venues d'Orient, ce thème n'est plus vraiment actuel. De même que les ouvrages grecs voisinent, dans les bibliothèques, avec ceux de langue latine, Homère et Virgile, Démosthène et Cicéron sont regardés pareillement comme les Pères de l'*humanitas*.

Le siècle d'Auguste ne fut pas seulement celui pendant lequel la vie littéraire fut particulièrement brillante, la vie artistique y fut aussi fort active, non seulement à Rome mais en Italie. Sculpture, peinture, architecture nous en offrent maint témoignage. Non seulement des traditions déjà anciennes sont continuées, mais des innovations apparaissent et contribuent à donner à l'art romain sa physionomie originale.

Les arts figurés

Il existait, en Italie centrale, un art de la sculpture, propre aux cités étrusques et qui était présent à Rome même depuis le Ve ou peut-être le VIe siècle avant J.-C. La tradition ne fut pas interrompue et subsista sous la forme de statues funéraires, représentant le défunt et sa famille dans un style réaliste. Cet art exprime une croyance, fort ancienne, et qui durera bien au-delà de l'Antiquité : les morts ne périssent pas totalement, ils poursuivent dans leur tombeau une vie secrète, ils conservent leur personnalité. Ils continuent d'aimer, de vouloir ; ils deviennent, pour leur « maison », des protecteurs, auxquels on offre des sacrifices, lors de certaines fêtes. Il était donc naturel que, à partir d'Auguste, se multiplient les statues du prince, expression matérielle de ce charisme que l'on reconnaissait en lui. Sur ce point, la tradition du portrait romain rencontrait le culte des souverains qui s'était développé dans les royaumes hellénistiques et avait conduit à multiplier les effigies royales. Nous avons fait allusion à la statue d'Auguste provenant de Prima Porta, au nord de Rome. Elle représente le prince en *imperator*, le buste couvert d'une cuirasse, le bras levé. Son geste est celui d'un chef qui harangue ses troupes, comme s'il les exhortait au combat. Les motifs figurés sur la cuirasse évoquent les divinités du ciel et de la terre et l'immensité du monde, sur lequel s'étend l'*imperium romanum*. Une telle image illustre bien ce que nous lisons au début des *Res Gestae**, l'ambition du prince à soumettre à la loi romaine tout ce que le soleil éclaire.

L'image du prince n'est pas la seule que les artistes de ce temps ont représentée. Nous possédons aussi les portraits des personnages qui évoluent autour de lui : sa fille Julia, sa sœur Octavie, son gendre et conseiller Agrippa. Un monument, en particulier, les montre réunis, au cours d'une cérémonie officielle. La frise de l'Autel de la Paix Auguste *(Ara Pacis Augustae)* fixe dans la pierre la dédicace de ce sanctuaire, destiné à célébrer, mais aussi à rendre durable la paix universelle obtenue par Auguste. On y voit tous les membres de la « maison » d'Auguste. Le sculpteur a voulu saisir un moment déterminé du temps, dans sa réalité matérielle et c'est pourquoi il a représenté les participants tels qu'on avait pu les voir ce jour-là. Si bien que l'acte même de la dédicace se trouve pérennisé, dans son efficace. L'implication idéologique est semblable à celle qui est latente dans la sculpture funéraire ; elle relève de ce même « réalisme mystique » que nous avons cru y découvrir.

Les hasards des fouilles nous ont permis de connaître avec une relative précision ce que fut la peinture au cours de la période où se forma le principat et de constater qu'elle transforma le décor des demeures. Jusque-là, et au moins depuis la fin du IIe siècle avant J.-C., prédominait un style dit « architectural », imité de l'art décoratif hellénistique. Le mur y est traité comme une paroi totalement fermée. Puis, à partir du temps de Sulla, peut-être un plus tôt (les repères chronologiques étant fort incertains), apparaît ce que les modernes appellent le « second style ». À ce moment le mur n'est plus traité par les décorateurs comme une surface qui fait obstacle au regard. Entre des colonnes figurées en relief, des illusions de fenêtres, à travers lesquelles apparaissent des représentations de paysages. Ce sont le plus souvent des sanctuaires rustiques ou des tombeaux, comme on en voyait dans la campagne : par exemple une colonne qui se dresse sur un tertre et, au pied, un personnage, parfois un berger, ou une divinité champêtre ou une femme offrant un sacrifice au défunt ou à quelque nymphe du lieu. Cela ressemble aux paysages évoqués dans les épigrammes de l'*Anthologie grecque* mais, en même temps, fait songer aux scènes des *Bucoliques*.

Vers le même moment, autant que nous puissions en juger, apparaît un autre thème, plus original et, fort probablement d'origine italienne, campanienne, sinon proprement romaine, des représentations de jardins donnant l'illusion que l'on se trouve dans un jardin véritable, que l'on a devant soi une haie de laurier, par exemple, où sont posés des oiseaux. Les peintures les plus célèbres de ce style se trouvent à Rome, sur l'Esquilin, dans ce que l'on appelle l'Auditorium de Mécène, et dans la villa de Livie à Prima Porta. Elles apparaissent aussi à Pompéi et dans la peinture campanienne.

Ainsi se juxtaposent, au cours d'une période qui répond, approximativement, à celle qui vit l'avènement du principat, deux styles de décor, deux formes distinctes de sensibilité à la nature, l'une qui perçoit celle-ci à travers la médiation du sacré, symbolisé par les divinités qui incarnent traditionnellement ses divers aspects, l'autre qui la saisit dans sa réalité, celle du jardin. La première recourt au légendaire grec, comme le font les poètes contemporains, l'autre se réfère au goût, de plus en plus répandu, qui porte les Romains à se donner des parcs de plaisance, à retrouver la « nature » et leur fait inventer un art des jardins.

La vie quotidienne

Cette évolution de la peinture décorative, qui peut sembler n'avoir que peu de rapport avec l'histoire de l'Empire, n'en est pas moins riche d'enseignements, car elle accompagne le changement qui se produisit dans les esprits au cours du Ier siècle avant J.-C. Le cadre idéal de la vie, tel qu'on le voudrait et qu'on le rêve, n'est plus le même qu'autrefois. Ce ne sont plus le Forum ou le théâtre, ou l'arène ou le portique public, ou tel lieu de rencontre que l'on voudra qui accueillent l'existence quotidienne, mais, de plus en plus, au moins pour les plus riches, c'est autour de la maison privée qu'elle s'organise. Cette maison privée, le plus souvent, était jusque-là fort étroite ; elle se composait d'une pièce ou deux, insérées dans une sorte de damier, dont chaque case était une demeure ; l'ensemble, entouré par quatre rues, portait le nom de *vicus*. Il était la propriété d'un riche Romain, qui louait chaque maison à une famille. Entassement, promiscuité, fumées provenant des braseros et absence de tout système d'évacuation des eaux usées (que l'on jetait, le plus souvent, dans la rue, et qui s'écoulaient par une rigole ménagée selon l'axe de la voie publique) n'en rendaient pas le séjour agréable. Aussi, vers la fin du IIe siècle avant J.-C., lorsque les fortunes des particuliers s'accrurent, les quartiers surpeuplés furent abandonnés aux plus pauvres et, dans des quartiers neufs comme l'Esquilin, un nouveau type d'habitation se développa : c'est la maison à atrium, parfois dotée d'un péristyle, celle que nous connaissons par Pompéi, qui fut en faveur. Ce type de maison venait de l'Italie campagnarde et, en même temps, reprenait certaines caractéristiques de la maison hellénistique. À l'intérieur, il était possible de loger maîtres et serviteurs, de réunir chaque matin les clients venus saluer leur patron.

Mais, au temps d'Auguste, cette évolution était loin d'être accomplie, et elle ne devait jamais l'être totalement. Une voie moyenne allait être trouvée, avec l'apparition des *insulae*, des immeubles à plusieurs étages, qui ne sont, en somme, que des *vici* dont chaque cellule a été dotée de superstructures. Telle sera la Rome des Antonins, telle est, aujourd'hui encore, l'Ostie impériale, révélée par les fouilles. Au début de l'Empire existe seulement un désir, assez général, de changer la vie quotidienne. La mode des villas dites « suburbaines » se répand. Même des personnes modestes s'ingénient à acquérir ce que, en d'autres temps, on appellera des « vignes », un carré de terre, assez loin de la ville (où le terrain coûte moins cher). Là on vient passer les jours et les heures de loisir. Il est plus facile d'y protéger sa vie personnelle que dans l'entassement de Rome. Peu à peu, le Romain, autrefois essentiellement citoyen et grégaire, se transforme en un être plus autonome, un être de liberté, amateur de poésie, de philosophie et de plaisirs qui n'étaient pas forcément vulgaires. Horace constatait : « Tous, nous écrivons, cultivés ou incultes… » Il existe alors un immense élan vers les choses de l'esprit, et c'est là un des traits les plus remarquables de cet Empire. Il s'affirme partout, dans tous les domaines, aussi bien par la diffusion que connaît le livre que par les images ornant les murs des maisons particulières.

Un urbanisme nouveau

Mais si la culture et le loisir se répandaient, la Ville elle-même, bien qu'elle fût la capitale d'un empire immense où affluaient les richesses du monde, était loin d'être « moderne » et ne pouvait rivaliser avec les créations des rois hellénistiques, qui avaient multiplié autour d'eux les édifices de prestige, gymnases, temples, portiques publics, etc.

À Rome, les généraux vainqueurs avaient coutume de consacrer les dépouilles de l'ennemi à l'embellissement de la Ville, mais il ne s'agissait jamais que de sites limités. Il n'existait aucune politique d'urbanisme cohérente. D'autres travaux étaient confiés aux censeurs, dont les fonctions duraient plus longtemps que celles des consuls* et des préteurs*, mais il s'agissait le plus souvent d'entreprises d'intérêt général, routes ou aqueducs par exemple, plutôt que d'urbanisme proprement dit. Sulla, pendant sa dictature, avait fait paver le Forum et, après lui, la réfection de l'ensemble des édifices du Capitole, rendue nécessaire à la suite de l'incendie qui les avait ravagés, avait permis d'installer, entre les deux sommets de la colline, un édifice monumental, le *Tabularium**, destiné à conserver les archives d'État, qui contribua à établir, ce qui n'avait jamais été fait, l'amorce d'un plan régulateur sur lequel s'aligneraient les édifices du Forum romain lorsque l'on remplacerait ceux que condamnait leur vétusté ou que l'on en construirait de nouveaux. Mais, pendant un quart de siècle, les choses en restèrent là.

Le Champ-de-Mars

Pompée, lorsqu'il revint d'Orient, une quinzaine d'années après la construction du *Tabularium,* ne jugea pas utile de rien modifier dans le vieux Forum. Il choisit le sud du Champ-de-Mars pour y élever un théâtre, le premier, à Rome, qui ne fût pas un édifice temporaire, en bois, comme le voulait la loi. Les sénateurs, en effet, interdisaient que l'on construisît des théâtres permanents, probablement parce que l'exemple des cités grecques montrait que les spectateurs réunis au théâtre ne se bornaient pas à regarder le spectacle mais formaient une assemblée que ne tardaient pas à agiter des préoccupations politiques, usurpant ainsi la fonction qui appartenait légalement aux *contiones* contrôlées par un magistrat possédant le *ius agendi cum populo*, le droit de dialoguer avec les citoyens. Pour donner à son théâtre une apparence de légalité, Pompée construisit, au sommet de la *cavea* (les gradins) une chapelle à Vénus Victorieuse, à laquelle furent associés *Honos* et *Virtus*, la Gloire et la Valeur. Symbole évident des qualités éminentes du dédicataire. Ainsi les gradins pouvaient être assimilés à un escalier conduisant au temple de la déesse, et l'ensemble à un sanctuaire.

Implanté dans un quartier de la Ville où, en théorie, les particuliers n'étaient pas autorisés à construire, il était un exemple de la magnificence que pouvait déployer, au service du peuple romain, un *imperator* heureux. Exemple isolé, qui ne contribuait en rien à résoudre, dans son ensemble, le problème de l'urbanisme romain et perpétuait la traditionnelle anarchie. César, en revanche, prit pleinement conscience du problème. Non seulement il constatait que la Ville manquait de place pour l'habitat mais que les lieux consacrés à la vie publique étaient insuffisants et mal adaptés à leur fonction. Le Champ-de-Mars, en particulier, était de plus en plus envahi par des constructions privées. Pour l'agrandir, César songea d'abord à dévier le cours du Tibre et à lui creuser un nouveau lit, plus à l'ouest, le long des collines vaticanes. Mais les sénateurs firent déclarer par les autorités religieuses que ce projet était refusé par les dieux. César dut s'incliner. Se contentant du Champ-de-Mars traditionnel, il agrandit, autant qu'il le put, les *Saepta** (les enclos de vote), lieu où avaient lieu les élections et où se rassemblaient les comices pour le vote des lois. L'ouvrage n'était pas achevé à la mort de César. Il fut mené à bien par Agrippa.

Le Forum romain

César avait eu l'intention d'ordonner le vieux Forum selon la ligne directrice créée par le *Tabularium*, c'est-à-dire d'en faire un quadrilatère aussi régulier que possible, comprenant tout l'espace qui s'étendait entre le Capitole, le Palatin, la Velia et le pied des collines. Pour cela il projeta de construire, au sud-ouest de la place, une basilique qui serait le pendant de la basilique Aemilia, qui fermait le Forum vers le nord-est. Ce seraient les deux côtés longs du rectangle projeté. César ne vit pas l'achèvement des travaux. Auguste les poursuivit et les mena à bien. Cette basilique neuve reçut le nom de *basilica Julia*.

Un autre monument du vieux Forum, l'antique curie*, où se tenaient ordinairement les séances du sénat, fut remplacé par César. Son site ne fut pas modifié. Il ne pouvait l'être en raison de sa signification politique. Cette curie était en effet située en bordure du *comitium*, qui, jusqu'au IIe siècle avant J.-C., avait été le centre religieux et civique de la cité et le demeurait, au moins symboliquement. Le *comitium*, en théorie, appartenait au peuple et la curie ne pouvait être séparée de celui-ci. Il devait y avoir une communication constante entre le *populus* et le *senatus*. Ainsi le voulait une tradition plusieurs fois séculaire, matérialisant sur le sol de la Ville la formule « *Senatus populusque Romanus* », qui définissait la cité par ses composantes. Là était bien le cœur de l'État romain, et il était impossible de rien y changer. Aussi la curie demeura-t-elle à l'endroit où, six ou sept siècles plus tôt, le roi Tullus Hostilius l'avait implantée. Les travaux de la nouvelle curie étaient à peine commencés lorsque César fut assassiné. Ils furent achevés par Auguste, qui dédia l'édifice après son triomphe de 29.

Le Forum de César

Enfin, et cette fois le projet fut mené à bien du vivant du dictateur, celui-ci entreprit, pendant son proconsulat des Gaules, d'élever à sa protectrice, Venus Genitrix, la « mère » mystique de la *gens* Julia*, un temple monumental, au centre d'une enceinte sacrée conçue à la manière d'une *agora* hellénistique, entourée de portiques où pourraient s'installer des marchands, et surtout des changeurs *(argentarii)*, entassés jusque-là le long du vieil Argilète, derrière la basilique Aemilia. L'espace ainsi créé autour du temple de Vénus prit le nom de Forum de

César. Ce fut le premier des *fora* impériaux dont la juxtaposition, de règne en règne, allait donner au centre de la Rome impériale son aspect définitif.

Urbanisme et idéologie

On voit que César suivit une politique précise, dont il fut l'initiateur, lorsqu'il entreprit de créer un urbanisme nouveau. Les *Saepta** répondaient à la composante démocratique de la cité. La curie, rénovée, embellie, rendait évidente l'importance du sénat, qui en était la composante aristocratique. Quant à lui, il ne voulut pas se donner une résidence qui rendît par trop évidente sa royauté de fait, il ne s'installa pas d'emblée dans la *Domus Publica*, une annexe de la Maison des Vestales*, au Forum, qui était la demeure traditionnelle des Grands Pontifes et l'on assurait qu'elle avait été autrefois la résidence des rois, avant la révolution de 509. L'articulation des pouvoirs était inscrite sur le sol sacré de la Ville.

Auguste conserva ce schéma symbolique en le modifiant, toutefois, sur un point. Aussi longtemps que vécut Lépide, qui restait, officiellement, Grand Pontife*, il continua d'habiter sur le Palatin, dans l'ancienne demeure de l'orateur Hortensius, le rival de Cicéron, puis à la mort de l'ancien triumvir, en 12 avant J.-C., il s'empressa de créer, sur le Palatin, et en annexe à sa propre maison, une nouvelle *Domus Publica*, où il résiderait, ainsi qu'une chapelle de Vesta, qui fut dédiée le 28 avril de la même année et qui rétablissait le lien séculaire entre la déesse et son prêtre par excellence. Ainsi la protectrice de Rome, de son « foyer », continuerait d'exercer sa garde tutélaire sur la Ville, depuis le Palatin, où résiderait désormais le détenteur du sacré.

On voit que l'urbanisme de César, repris, selon les mêmes principes, par Auguste, repose sur une conception plus idéologique que matérielle. La Ville n'est pas seulement, ni d'abord, un ensemble de maisons et d'édifices surgis et assemblés, un peu au hasard, au cours des siècles, elle est un être spirituel. Le temple de Jupiter, au Capitole, en est le centre mystique. Il en va de même pour le temple de Vesta, qui assure la sécurité et l'abondance et inspire l'action du « roi », dont les consciences conservent l'idée, plus ou moins confusément. L'urbanisme ne concernait pas seulement les architectes. Il n'était pas non plus, comme on a tendance à l'affirmer, sous la seule dépendance des modes. Les précédents hellénistiques jouent un rôle, assurément, mais les modèles qu'ils offraient devaient être modifiés, adaptés au système idéologique de cette entité, à la fois matérielle et spirituelle, qu'est la ville romaine. Il naquit ainsi un type urbain qui se répandit un peu partout dans l'Empire, au moins dans les régions où ne préexistait pas un urbanisme grec. Une ville provinciale romaine se donnait les édifices et les espaces caractéristiques de la métropole. Partout on élevait un Capitole, lieu de la religion officielle, et symbole de l'unité de l'Empire. On élevait aussi une curie, destinée aux réunions des décurions (le sénat local). Il y avait aussi une place autour de laquelle s'ordonnaient les édifices publics. Elle jouait le rôle du Forum, bordée, comme lui, d'une ou plusieurs basiliques qui servaient à la fois de bourse pour les transactions commerciales, de lieu de rencontre, parfois de tribunal, au moins pour les affaires civiles.

L'œuvre d'Agrippa

Tel fut l'urbanisme impérial. César est à son origine. Auguste en poursuivit la réalisation, aidé dans cette tâche par son compagnon d'armes Vipsanius Agrippa, devenu son gendre à la fin de l'année 21 avant J.-C. mais depuis longtemps son collaborateur dans cette rénovation de la Ville, cette remise en ordre, parallèle à celle qui était entreprise pour l'ensemble de la vie publique.

L'œuvre d'Agrippa fut gigantesque. Il la commença dès 33 avant J.-C., pendant son édilité, qu'il exerça, contrairement à la coutume, après son consulat. Il entreprit d'abord de remettre en état et d'accroître le réseau des aqueducs qui ne suffisaient plus à alimenter en eau une agglomération surpeuplée ni à en assurer la sécurité et l'hygiène. Après quoi il y eut le problème des égouts, engorgés ou effondrés. Agrippa s'attacha à le résoudre, allant jusqu'à parcourir lui-même en barque la *Cloaca Maxima*, le collecteur, une rivière qui drainait la vallée du Forum. Ces travaux gigantesques provoquèrent l'admiration de l'historien Denys d'Halicarnasse qui, vers 7 avant J.-C., considérait que les plus prestigieuses réalisations matérielles de Rome étaient les aqueducs, les routes pavées et les égouts (III, 67), et il ajoute que son admiration allait non seulement à l'utilité de ces ouvrages mais, plus encore, aux sommes qu'ils avaient coûtées. Remarque révélatrice et qui montre bien l'apport de Rome à la vie collective. Les villes hellénistiques avaient en effet les plus grandes difficultés à établir des budgets pour de grands travaux, moins parce que leurs ressources étaient limitées qu'en raison de la mauvaise gestion dont elles souffraient de façon chronique. Rome, au contraire, possède une administration financière soumise à des contrôles exacts. La rigueur budgétaire est l'un des bienfaits de l'Empire au moins à son début.

Restaurer les cultes d'antan

Une fois la victoire acquise et sans attendre la réorganisation des finances, Auguste et Agrippa poursuivirent la politique de César, cette fois essentiellement en s'attachant aux édifices sacrés, aux sanctuaires que leur antiquité rendait aussi vénérables que fragiles. Beaucoup n'étaient plus guère que des ruines. Ainsi, le temple de Jupiter Férétrien, sur le Capitole, n'avait plus de toit. Ce fut Atticus, l'ami de Cicéron, qui en fit la remontrance au prince. Atticus était épicurien*. À ce titre, il ne croyait guère à l'intervention des divinités dans les affaires des hommes, mais il n'en pensait pas moins que le respect du sacré était essentiel dans toute communauté humaine. Le sentiment qui l'animait nous est rendu intelligible par des vers d'Horace, enseignant que la négligence du sacré est le signe d'une perversion de la morale, qu'elle annonce le déclin des cités, la perte progressive de leur âme. Ce que les dieux apportent aux hommes, ce n'est pas une suite de miracles, mais une inspiration continue qui les élève jusqu'à l'éternel. Auguste le comprit. La restauration des antiques sanctuaires était un impératif moral, essentiel pour sa propre politique qui tendait à réformer les mœurs, à rétablir les valeurs d'autrefois. Aussi la liste des sanctuaires qu'il fit construire ou restaurer est-elle fort longue. Dès ce temps Rome se couvre de temples, de chapelles, de sanctuaires de toutes sortes. Chacun d'eux évoque les temps anciens où les vertus des citoyens faisaient la grandeur de l'État.

En marge de cette religion officielle d'autres cultes, venus d'Orient, s'étaient installés dans la Ville ; ils n'étaient encore qu'en très petit nombre et se heurtaient à de vives résistances officielles. Ainsi la déesse Isis*, qui avait réussi à s'installer au Capitole, s'en vit expulser. La Grande Mère (Cybèle), installée au Palatin depuis les Guerres puniques, mais avec l'agrément des Pères, était trop bien acclimatée, romanisée, pour qu'il fût question de la chasser de son temple et d'interdire les cérémonies auxquelles elle présidait, mais leurs rites furent adoucis, humanisés. D'autres religions orientales s'étaient installées, çà et là, en Italie, en Campanie surtout, sur cette terre ouverte à tous les voyageurs venus des pays hellénisés. On les y tolérait. Isis pouvait être honorée à Pompéi comme elle l'était à Délos ou ailleurs, selon ses rites traditionnels. Libre aux pompéiens de l'accepter, puisqu'il ne s'agissait pas de Rome, du sol de la Ville, qui, lui, devait demeurer pur, à l'abri des *superstitiones*, c'est-à-dire des croyances et des pratiques que ne garantissaient pas la religion des ancêtres, ni les livres sacrés de la Sibylle ni ceux des augures ni l'autorité du *Pontifex Maximus**, c'est-à-dire du prince lui-même. Qu'arriverait-il lorsque ces *superstitiones* s'ouvriraient un chemin jusqu'aux rives du Tibre et envahiraient les collines sacrées ?

L'œuvre d'Agrippa comprit aussi ce qui était une innovation pour Rome, mais qui existait déjà dans les villes campaniennes : des thermes, version italienne du gymnase grec. La construction d'un gymnase était un acte royal par excellence dans les cités hellénistiques. En choisissant d'implanter ses thermes au Champ-de-Mars, Agrippa pouvait invoquer la nécessité de doter d'une palestre les jeunes Romains, qui, au Champ-de-Mars, s'exerçaient aux armes. La tradition était sauve, au moins en apparence, mais l'expérience montra bientôt que les thermes furent fréquentés, en fait, par un tout autre public et qu'ils introduisirent un genre de vie que l'on avait jusque-là refusé aux Romains : le plaisir de se rencontrer vers le soir, et de se baigner longuement, dans des étuves. Les thermes, a-t-on pu dire, étaient les villas du peuple. Une civilisation du loisir s'installait et se généralisait.

De même, et pour les mêmes raisons, les théâtres, si longtemps interdits, commencent à se multiplier. César avait projeté d'en construire un, qui pourrait rivaliser avec celui de Pompée et il en avait prévu l'emplacement au pied du Capitole. Une fois de plus ce fut Auguste qui réalisa ce projet, et dédia l'édifice à la mémoire du jeune Marcellus, son neveu et son gendre, dont il espérait faire son successeur, mais qui mourut à l'âge de dix-huit ans, en 23 avant J.-C. Le théâtre fut dédié, sans doute, en 17, et servit à la célébration des Jeux* Séculaires, symboles du renouvellement universel, promis et déjà presque réalisé par Auguste. L'urbanisme augustéen ne se développe pas au hasard.

Les moyens d'une politique

Tous ces travaux coûtaient fort cher. Auguste et Agrippa disposaient pour les financer des profits procurés par les guerres civiles, et le produit des confiscations. Les biens des opposants fournirent des sommes considérables qui furent ainsi utilisées au bénéfice de l'intérêt public. Mais tout ne fut pas redistribué. Le prince en garda une grande part, qui constitua le *fiscus* – sa cassette personnelle, immense fortune lui permettant, le cas échéant, des générostités considérables, notamment au bénéfice de sénateurs ruinés. Cette fortune consistait principalement en propriétés provinciales, administrées par des procurateurs veillant à leur mise en valeur.

Auguste, d'autre part, institua des impôts nouveaux, dont le produit allait en partie au trésor administré par le sénat, en partie à une caisse spéciale, l'*aerarium militare,* qui pourvoyait aux dépenses de caractère militaire, ainsi que nous le verrons ci-dessous (cf. p. 149).

CHAPITRE IV

LES DYNASTIES DU HAUT EMPIRE

Auguste vécut soixante-dix-sept ans. Il exerça le pouvoir pendant quarante et un ans et, au cours de cette longue période, transforma profondément la vieille République dans ses structures politiques et sociales, rendit plus efficace et plus juste l'administration de l'Empire, poursuivit (malgré l'épisode fâcheux des légions* de Varus) l'extension de celui-ci, assura l'unité morale et culturelle des peuples et des nations associés à Rome, depuis les rivages de l'Océan occidental jusqu'à ceux de l'Océan oriental. Cette œuvre allait-elle lui survivre ? L'exemple d'Alexandre pouvait faire redouter qu'il n'en fût rien.

La succession du prince

Mais Auguste n'était pas un conquérant. Il venait au terme d'une longue évolution, dont il avait recueilli l'héritage, et s'il avait obtenu le pouvoir ce n'était point par la seule violence de la guerre. Il portait en lui une force transcendante, que son père adoptif, César, avait le premier voulu capter : le mystérieux destin des Julii, qu'une tradition vivace à travers les siècles faisait remonter à la déesse Vénus. César avait été assassiné, certes, mais il était devenu dieu. Le charisme de sa race avait été transmis à son fils, ce qui conférait à celui-ci une indiscutable légitimité. À son tour, le successeur d'Auguste ne pourrait être qu'un membre de cette même *gens* Julia*. Ce qui ne signifiait pas qu'il dût être le fils par le sang de l'empereur ; il pouvait être adopté ou l'un de ses proches, son neveu, par exemple, ou son gendre. Dans la plus ancienne tradition de Rome, on trouvait maint exemple de la transmission du pouvoir par les femmes. Énée avait épousé Lavinia, fille du roi Latinus, et ce mariage avait fait de lui le roi des Aborigènes. Plus tard, lorsqu'il fallut désigner un successeur au roi Tullus Hostilius, le peuple élut Ancus Martius, petit-fils, par sa mère, du roi Numa. Plus tard encore, le roi Servius avait été porté au pouvoir par les femmes. Auguste lui-même se rattachait à César par sa mère Atia, qui était la nièce de celui-ci. Il n'avait pas de fils, mais une fille, Julia, que lui avait donnée Scribonia. L'homme qu'elle épouserait pourrait fort bien accéder au pouvoir, en vertu des précédents que nous avons rappelés. D'autre part, Octavie, la sœur d'Auguste, pourrait jouer dans la succession le rôle qui avait été celui d'Atia. Octavie, autrefois donnée comme épouse à Antoine, en vertu des accords de Brindes conclus en 40, pour rétablir la concorde entre les triumvirs, avait eu, de son premier mariage avec C. Claudius Marcellus, outre deux filles, un fils, M. Claudius Marcellus, qui se trouvait donc le neveu du prince. Ce Marcellus, que l'on nous dépeint comme un jeune homme brillant et autoritaire, avait figuré, lors du triomphe de 29, à la droite du futur Auguste.

Il existait donc, à ce moment-là, deux manières pour celui-ci de prévoir sa succession : l'attribuer, ou la promettre, au futur époux de Julia, ou au jeune Marcellus. La solution évidente consistait à faire de Marcellus l'époux de Julia. Ce qui éviterait tiraillements et conflits. Le mariage eut lieu en 25 avant J.-C. Deux ans plus tard, au mois de septembre 23, et alors qu'Auguste, malade, envisageait sa propre mort, Marcellus mourait brusquement. Sous cette contrainte, Auguste dut modifier ses projets. Il décida que Julia épouserait Agrippa. Ce qui eut lieu, probablement en 22. S'il mourait, la continuité du pouvoir serait assurée par son gendre, avec l'assentiment du sénat – dont Auguste ne doutait pas.

Entrée en scène de Tibère

Le mariage de Julia et d'Agrippa fut fécond. En 20 naissait un fils, que l'on appela C. Caesar ; en 17, naquit un autre enfant, que l'on nomma Lucius. La succession était donc assurée en ligne directe. Les deux frères furent très vite présentés comme promis aux plus hautes fonctions. Mais Lucius mourut en 2 après J.-C. et Caius en 4. Le problème de la succession se posait à nouveau. Agrippa était mort en 12 avant J.-C. Un an plus tard, Auguste avait donné à Julia un nouvel époux, Tibère, le fils aîné de Livie. Tibère avait alors trente-deux ans. Il s'était révélé comme un excellent chef de guerre, qui tenait auprès du prince un rôle analogue à celui qu'avait joué Agrippa. Il réprima, en particulier, des soulèvements qui s'étaient produits dans la région du Danube et en Dalmatie. Puis il annexa la Pannonie (la Hongrie occidentale) et réalisa ainsi un projet formé par Auguste dès avant Actium, qui consistait à assurer la liaison entre les deux moitiés de l'Empire, les provinces* de langue latine et les provinces de langue grecque. À l'occasion de ces victoires, le sénat souhaita décerner à Tibère l'honneur du triomphe, mais Auguste ne consentit qu'à lui donner les « ornements triomphaux », c'est-à-dire le droit d'arborer les insignes attribués aux triomphateurs et non le triomphe lui-même. À ce moment Tibère, beau-fils de l'empereur, n'apparaissait pas comme son successeur désigné, mais comme son lieutenant, *legatus*, et le tuteur des enfants que Julia avait eus d'Agrippa. Il ne convenait donc pas de le mettre trop en valeur.

Le mariage de Tibère et de Julia s'était vite révélé fragile. L'enfant qui naquit pendant la première année de leur union, un fils, mourut peu de temps après sa venue au monde et bientôt les époux cessèrent d'avoir aucune intimité, sans qu'il y eût divorce, ce qui eût été impossible étant donné la signification politique de ce mariage. Sur ces entrefaites, Auguste envoya Tibère sur le front de Germanie et Julia, restée seule, reprit la vie déréglée qui avait été la sienne dans le passé. Elle ne dissimulait pas son mépris pour Tibère, qu'elle considérait comme de trop petite noblesse et indigne d'elle ! Lorsqu'il revint du front danubien, Tibère comprit que toute vie commune avec Julia était devenue impossible ; aussi, passant outre aux prières de sa mère et aux injonctions d'Auguste, Tibère, en 6 avant J.-C., quitta Rome et partit pour l'Orient, comme l'avait fait autrefois Agrippa, au temps où Marcellus tenait la première place auprès du prince. Il s'installa à Rhodes, dans une maison modeste, où il vécut en simple particulier, fréquentant les gymnases et les écoles, écoutant les grammairiens et les sophistes. Il devait rester huit ans dans l'île. Il n'était pas officiellement exilé mais, s'il voulait revenir à Rome, il lui fallait obtenir la permission du prince, mais aussi le consentement de Gaius, le fils d'Agrippa et de Julia, encore vivant et considéré comme l'héritier d'Auguste.

C'est pendant son séjour à Rhodes que Tibère apprit la catastrophe qui avait frappé Julia, en 2 avant J.-C. Auguste, brusquement, avait envoyé sa fille en exil, dans la petite île de Pandateria (Ventotene, au large de la Campanie), pour la punir, disait-il, de ses débordements. En même temps il avait dissous son mariage. Tibère, loyal envers son épouse, se hâta d'écrire à Auguste en lui demandant de se réconcilier avec elle et de lui rendre la liberté. Auguste refusa.

Il est très vraisemblable que le véritable motif de cette sévérité n'était pas l'indignation d'un père pour des raisons morales, mais celle d'un prince qui avait découvert les preuves d'un complot formé par Julia pour l'assassiner et donner le pouvoir à un amant. Julia resta cinq années dans son île. Au bout de ce temps, Auguste l'autorisa à habiter Rhegium (Reggio di Calabria), mais dans des conditions précaires. Elle était exclue de la *gens Julia*, et le prince avait interdit qu'elle fût inhumée, lorsqu'elle mourrait, dans le Mausolée dynastique du Champ-de-Mars. Tibère, à son avènement, en 14 après J.-C., n'adoucit pas son châtiment. Elle mourut en exil, à Rhegium, de misère et de faim, en 17 après J.-C. Tibère était alors dans la troisième année de son règne. Il y avait longtemps que Gaius et Lucius, les deux fils aînés de Julia, étaient morts. Son troisième fils, Agrippa Postumus, avait semblé un moment devoir continuer la dynastie. À la mort de Gaius, Auguste l'avait adopté, en même temps qu'il adoptait Tibère, et contraignait celui-ci à adopter Germanicus, petit-fils d'Octavie et d'Antoine et, par son père Drusus, de Livie. Ce qui créait une situation étrange : deux jeunes gens, Agrippa Postumus et Germanicus, devenaient des héritiers également prévisibles. Encore, le moment venu, faudrait-il les départager. Tibère, lui, continuait d'être considéré comme le « tuteur » de l'un d'eux. Auguste ne se résignait pas à le présenter et à le considérer comme son successeur. Mais voici que, en 7 après J.-C., Agrippa Postumus est, à son tour, envoyé en exil, d'abord à Sorrente, ensuite dans l'île de Planasia. Aucun grief particulier contre lui, sinon qu'il est « d'un naturel brutal » et semble indigne d'exercer le pouvoir. S'agit-il d'une machination de Livie, désireuse d'éliminer le dernier fils de Julia ? Tacite nous apprend que le bruit en courut. Quoi qu'il en soit, il semble bien qu'Auguste, la dernière année de sa vie, ait regretté son geste, qu'il se soit rendu secrètement à Planasia voir son dernier petit-fils et qu'il lui ait promis de le rappeler. Il n'eut pas le temps de le faire. Il mourut peu de temps après, à Nola, en Campanie, le 19 août 14 après J.-C. Tibère, dès les premiers jours de son règne, fit assassiner Agrippa Postumus, avec l'accord de Livie.

Tibère empereur

Parmi tous les héritiers du charisme attribué aux Julii, ne restaient plus que Tibère et Germanicus. Seul le premier était en âge d'exercer effectivement le pouvoir. Le second n'avait pas encore vingt ans. De toute manière, c'étaient les enfants de Livie qui l'emportaient, dans ce qui fut sans doute une lutte féroce, tout au moins de la part de l'aïeule ! Il est plus douteux que Tibère lui-même ait véritablement désiré succéder à son père adoptif. Jusque-là la monarchie d'Auguste avait été fondée sur une équivoque, poursuivie d'année en année. Ses pouvoirs d'*imperator* lui étaient conférés par le sénat, et chaque fois pour une période limitée. Les sénateurs étaient-ils disposés à faire de même au bénéfice de Tibère ?

Une tradition veut que celui-ci fût de convictions républicaines. Comme représentant d'une des plus anciennes et des plus grandes familles de l'État, il pouvait, au fond de lui-même, souhaiter retrouver son rang dans une cité rendue à sa forme traditionnelle, et cela, sans être astreint à supporter les mille contraintes inséparables du rang suprême. À Rhodes, n'avait-il pas connu la liberté et l'*otium** ? Ce temps heureux ne pouvait-il revenir ? Il commença par offrir de rendre le pouvoir au sénat et de redevenir lui-même un homme privé. Apparemment, déconcertés, les sénateurs n'acceptèrent pas cette offre, qui soulevait évidemment de graves difficultés, peut-être insurmontables. Tout l'appareil de l'État avait été organisé autour de la personne d'un prince. Que se passerait-il si l'on rétablissait la vieille alternance des magistrats annuels, cet émiettement systématique de la durée et des hommes, qui avait conduit Rome presque à sa perte ? Tibère, dans son discours au sénat, le 17 septembre, paraît avoir tenté de montrer aux Pères la complexité des problèmes, esquissé, peut-être, les moyens de les résoudre, qui revenaient à supprimer la monarchie, tout en conservant ce qu'elle avait d'irremplaçable. Les sénateurs ou bien ne comprirent point ou feignirent de ne pas comprendre et Tibère dut accepter de recevoir, en une fois, tous les honneurs et les pouvoirs d'Auguste. De plus, il fut soupçonné d'hypocrisie, d'avoir joué la comédie et refusé ostensiblement ce qu'il désirait secrètement. Désormais était formée, du nouveau prince, l'image que devait retenir l'histoire, celle d'un tyran fourbe et sanguinaire.

C'est ainsi que l'institution impériale se durcit et prit, définitivement, et ostensiblement la forme d'une monarchie, ce qu'Auguste avait toujours voulu éviter. En apparence, rien n'était changé, mais, en fait, selon les mots de Tacite, chacun comprenait « que [Tibère] ne se considérait pas comme un citoyen ordinaire » (*Annales*, I, 72, 2), car il avait remis en vigueur la « loi de majesté », qui datait de la République et à l'origine concernait les crimes de haute trahison, mais qui était maintenant utilisée pour punir les écrits séditieux, notamment ceux qui circulaient dans le public et dénonçaient la cruauté, l'orgueil de Tibère et ses dissensions avec Livie. Le principe même de la *Libertas**, l'égalité de tous les citoyens devant la loi, était ainsi violé. Bientôt, poussés par l'intérêt ou l'ambition, des délateurs multiplièrent les accusations *de maiestate*, ce qui, à la longue, créa un climat de terreur. Tibère apparut comme l'ennemi du sénat, bien qu'il multipliât les gestes de générosité envers les sénateurs qui n'avaient plus les ressources nécessaires pour tenir leur rang. Mais, inconstant, capricieux, et refusant le plus souvent de rendre raison de ses décisions, il ne recueillit pas le bénéfice de ses bienfaits, qui semblaient être seulement l'effet d'une décision arbitraire.

Tibère put mesurer son impopularité lorsqu'un ancien esclave d'Agrippa Postumus apparut, en Étrurie, et se fit passer pour le jeune prince, miraculeusement sauvé. Beaucoup de sénateurs et de chevaliers se rallièrent à l'imposteur et l'aidèrent de leur argent et de leurs conseils. Tibère se contenta de le faire arrêter, en secret, et exécuter dans une salle retirée du Palatin. Il n'osa pas faire rechercher ses complices. Tout le règne se passera dans cette atmosphère de suspicion mutuelle, envenimée encore par la mort de Germanicus, que Tibère avait envoyé en Orient, afin de rétablir le « protectorat » de Rome sur l'Arménie. Peu après son arrivée en Syrie Germanicus était mort, à Antioche, et le bruit courut, avec persistance, que le fils adoptif de Tibère avait été empoisonné, sur l'ordre de celui-ci. L'affaire ne fut jamais éclaircie.

À mesure qu'il s'éloignait du sénat, Tibère accordait de plus en plus sa confiance à un chevalier, L. Aelius Seianus (Séjan), son préfet du prétoire, qui avait succédé dans cette charge à son père L. Seius Strabo. Séjan, alors, s'emploie à renforcer le pouvoir du prince. Il obtient la permission de faire construire un camp pour les prétoriens, aux portes mêmes de Rome, si bien que s'estompe le vieux principe selon lequel l'armée ne pouvait stationner à proximité immédiate de la Ville, sinon de façon exceptionnelle et temporaire. Le principat de Tibère en vient à ressembler étrangement à la tyrannie d'autrefois chez les Grecs, où le pouvoir du *tyrannos* reposait sur ses soldats.

Séjan, cependant, forme le projet de devenir empereur. Pour avoir les mains libres il encourage Tibère à retrouver son *otium* d'autrefois, en se retirant en Campanie. Tibère se résout à quitter Rome, et à confier le soin des affaires à Séjan. Lui-même s'installe à Capri, en 26, après douze années environ de règne effectif. Dans son île, il affecta de s'intéresser à la littérature, il écoutait des déclamateurs, lisait des recueils relatifs aux vieilles légendes de la mythologie, mais, surtout, il s'entretenait avec des astrologues. Il avait pour familier l'un d'eux, nommé Thrasylle, et le consultait à tout propos. Mais il n'en continuait pas moins de suivre la vie politique et d'exercer sa cruauté à l'égard des sénateurs qu'il soupçonnait de lui être hostiles. Séjan, de son côté, l'encourageait à éliminer un à un les descendants de Germanicus, qui étaient autant d'obstacles à sa propre ambition. Antonia la Jeune, la mère de Germanicus, eut le courage de dénoncer au prince les manœuvres du préfet et, alors qu'il se croyait proche du but, Séjan fut mis en accusation devant le sénat, par une lettre de Tibère, et immédiatement exécuté. L'empereur avait pris soin de nommer un nouveau préfet du prétoire, Naevius Sertorius Macro, qui se chargea de tout mener à bien. L'Empire serait-il l'enjeu des intrigues de cour ?

L'empereur avait deux successeurs possibles, Gaius (le futur Caligula), fils de Germanicus, et son propre petit-fils par le sang, Tiberius Gemellus. Tous deux appartenaient à la *gens Julia*. Ils étaient donc tous deux éligibles. Mais Gaius, né le 31 août 12 après J.-C., était plus âgé que Gemellus, qui avait environ huit ans de moins. Gaius avait en outre l'avantage de vivre à Capri, auprès du prince. Lorsque mourut Tibère, le 16 mars 37, peut-être étouffé sous des couvertures par Macron, celui-ci s'empressa de faire prêter serment à Gaius par les soldats présents, puis il partit pour Rome, convoqua le sénat et obtint sans difficulté que Gaius fût officiellement proclamé *imperator*, en même temps qu'on lui attribuait la puissance tribunicienne*, principal instrument du pouvoir depuis Auguste.

Caligula empereur

Gaius, alors, revint à Rome en escortant le cadavre de Tibère, depuis Misène, et il put mesurer sa popularité, car la foule l'acclamait et maudissait le défunt, pour lequel nul n'osa réclamer les honneurs de l'apothéose*. Tibère avait été un « mauvais » empereur. Le siècle d'or devait revenir avec le jeune fils de ce Germanicus dont chacun croyait que, s'il avait vécu, il eût rétabli la liberté. Avec Gaius, c'était toute la légende de Germanicus, le conquérant prestigieux, qui renaissait. En réalité, le pouvoir était entre les mains d'un dément. Ses cruautés, ses excentricités, son désir évident de se faire diviniser de son vivant, ses brusques sautes d'humeur, ses exigences financières – il créait sans cesse des impôts nouveaux, qu'il faisait percevoir avec la plus grande brutalité – firent qu'un complot se forma contre lui au sein même du prétoire et, le 24 janvier 41, il fut assassiné, dans un couloir souterrain du Palatin.

Avec Gaius, les tendances du régime à se transformer en tyrannie s'étaient affirmées. Il avait ostensiblement méprisé le sénat, destitué, mis à mort les magistrats régulièrement élus. Rien ne restait, que de vaines apparences, de l'équilibre juridique si laborieusement élaboré par Auguste. Se souvenant qu'il comptait Antoine parmi ses ancêtres, Gaius sembla vouloir le continuer, imiter le luxe dont il s'entourait et devenir véritablement roi. Déjà ses actes arbitraires, en Judée, où il décida d'installer sa propre statue dans le temple de Jérusalem, avaient provoqué des troubles sérieux, qui pouvaient faire craindre une guerre ouverte. Non seulement les structures mêmes de l'Empire étaient bouleversées, dans Rome, mais les provinces semblaient encouragées à faire sécession pour échapper à la tyrannie capricieuse du prince. Ainsi la Maurétanie se souleva, à l'instigation d'un affranchi du roi Ptolémée, un certain Aedémon, qui voulait venger la mort de son maître, contraint de se tuer par une décision injustifiée de Caligula. La rébellion fut réprimée et, bientôt, la mort du tyran mit fin à cette démence. Son oncle Claude, le frère de Germanicus, lui succéda.

Claude empereur

L'accession de Claude au pouvoir provoqua une surprise générale. L'opinion, suivie par les historiens anciens, voulut y voir un jeu de la Fortune, qui avait ainsi porté au premier rang ce prince, dans sa cinquante et unième année, considéré autrefois par Livie comme un être inachevé, ridicule, et auquel Auguste avait refusé toute charge officielle, sinon l'augurat, qui n'entraînait aucune responsabilité véritable. Tibère, son oncle, l'avait traité de la même façon. Il ne l'avait été un peu mieux que par son neveu Gaius, qui ne se faisait pourtant pas faute de le ridiculiser dans la vie quotidienne. Claude, donc, était présent au Palatin lorsque Gaius fut assassiné. Il assista au meurtre et, dans sa terreur, se dissimula derrière une tenture. Un prétorien le découvrit, le reconnut et, fier d'avoir en face de lui un frère de Germanicus, l'entraîna jusqu'au Camp où il fut proclamé *imperator*. Quelques sénateurs en ville, pendant ce temps, essayaient de faire abolir le principat et de proclamer la République. Mais le peuple ne souhaitait pas le retour de cette *Libertas** qui avait laissé trop de mauvais souvenirs et réclamait un chef. L'idée monarchique était désormais profondément enracinée dans les esprits. Le principat apparaissait comme le seul régime possible. Tout dépendait de la personne qui l'exercerait. Cette fois encore le prestige inséparable du nom de Germanicus l'emporta. Claude, acclamé par la foule, accepta que les prétoriens lui prêtent le serment traditionnel. Il les récompensa en leur faisant verser à chacun un « congiaire* » de quinze mille sesterces. Les sénateurs s'inclinèrent. Plus que jamais le pouvoir était la chose de la *gens** *Julia*, à laquelle se trouvaient intégrés, par adoption, les *Claudii Nerones*.

Peut-on penser, avec beaucoup d'historiens modernes, que cet avènement de Claude fut le résultat d'un pronunciamiento imposé par les soldats ? En réalité il est possible d'y découvrir, au-delà les apparences, un retour, sans doute inconscient, aux procédures les plus anciennes de la cité, celles qui, sept siècles plus tôt, accompagnaient l'investiture des rois. Il n'y manque ni la présence active du « peuple » *(populus)* manifestée par les acclamations de la foule, ni la volonté des soldats, ni la ratification par le sénat, consacrant par son *auctoritas** les vœux des deux autres composantes de l'État. Toutes les conditions étaient réunies pour que Claude reçût à la fois l'*imperium* militaire et le pouvoir civil. Quant à sa personne même, bénéficiaire de cette antique procédure, qui réapparaissait comme d'elle-même, ce choix se justifiait par le charisme gentilice hérité d'Auguste. Ce que Claude s'empressa de souligner en entourant des plus grands honneurs la mémoire de celui qui avait fondé le principat, celle de Livie et de tous les membres de sa famille. Mais, en même temps, comme l'avait fait Gaius, il glorifiait le souvenir d'Antoine, dont il était le petit-fils par le sang. Il témoignait ainsi de sa *pietas*, l'une des vertus cardinales de l'idéologie romaine. Pour lui-même il ne voulut rien, aucune distinction qui aurait pu provoquer l'*invidia*, la jalousie. Contrairement à Gaius, il se refusait à apparaître comme un roi. Il exerça six consulats, dont quatre sous son propre règne (les deux précédents sous Gaius) et, surtout, il usa de ses privilèges pour participer très activement à la vie judiciaire. Ainsi, en conservant les formes anciennes de la vie publique, en faisant revivre, aussi, des institutions religieuses tombant en désuétude, il masquait, non sans habileté, le fait de sa toute-puissance.

Depuis Auguste, le principat a changé de visage. L'évolution commencée sous Tibère, avec la loi de majesté, s'était poursuivie sous Gaius, jusqu'à la caricature. Avec Claude, la composante royale du pouvoir est comme voilée, elle n'en est pas moins présente. Ce sont les affranchis du prince, c'est-à-dire les gens de sa maison privée, qui traitent beaucoup des grandes affaires et, en dépit de ses affectations de simplicité, Claude se laisse volontiers flatter. Ainsi, dans la *Consolation* que Sénèque adresse à Polybe, l'un des affranchis impériaux, pour la mort de son frère, le philosophe, alors relégué en Corse, n'hésite pas à exalter Claude, à vanter ses vertus, qui sont (presque) celles d'un dieu, celles, en tout cas, qui avaient ouvert à Auguste les demeures célestes. Les modernes se plaisent, absurdement, à faire grief à Sénèque de s'être ainsi « abaissé », sans réfléchir que ce ton était exigé par l'étiquette, que le maître n'oubliait pas qu'il était promis à l'immortalité et que son pouvoir était d'essence divine. Il l'oubliait si peu que, selon Sénèque, il fit périr, au cours de son règne, trente-cinq sénateurs, deux cent vingt et un chevaliers (Suétone en compte même jusqu'à trois cents) et des simples citoyens « comme du sable et de la poussière », écrira plus tard Sénèque. Mais, après la cruauté de Gaius, celle de Claude, masquée, paraissait presque tolérable. Et cela d'autant plus que l'empereur poursuivait une politique d'expansion et que la gloire acquise à l'extérieur masquait les maux internes.

Claude sut annexer une grande partie de la Grande Bretagne, alors que Gaius s'était livré à une mascarade grotesque en feignant d'y porter la guerre. En Orient, il rétablissait l'autorité de Rome, du moins en apparence, car le problème de l'Arménie restait posé, mais il était pour le moment dissimulé. Les progrès de l'Empire en direction du Danube furent continués, avec l'annexion du royaume du Thrace Rhoemetalcès. En Afrique, Aedémon dut faire sa soumission. En revanche, le problème juif restait sans solution. Il y eut des échanges d'ambassadeurs avec les Alexandrins et la colonie juive de cette ville, mais cela ne suffit pas à rétablir le calme. Déjà il est question d'un certain Chrestos dont les sectateurs auraient provoqué des troubles dans Rome même. Claude les fit expulser de la Ville, en établissant une différence entre les Juifs eux-mêmes, qui furent autorisés à rester, et ceux qui, parmi eux, se réclamaient de ce Chrestos (Dion Cassius, LX, 6, 6). Telle est la première apparition du christianisme dans l'Empire.

Le règne de Claude, qui dura treize ans, marque une étape importante dans l'évolution du principat. Claude accorda largement le droit de cité romaine dans les provinces* d'Occident. Certains grands seigneurs des Gaules furent même admis à entrer au sénat. Rome n'apparaissait plus comme une cité conquérante mais comme une métropole, la patrie spirituelle d'une communauté sans frontières. Dans son célèbre « Discours de Lyon », dont le texte nous est parvenu, Claude justifie cette politique en la présentant comme la continuation de celle qui, de tout temps, avait été pratiquée par « les ancêtres ». S'appuyant sur les études historiques auxquelles il s'était adonné au temps où il était exclu de la vie politique, il constate que le droit de cité romaine a été graduellement étendu à des peuples de plus en plus nombreux, que les vaincus d'autrefois sont maintenant considérés comme les égaux des vainqueurs. C'est là, dit-il aux sénateurs, une évolution inéluctable. La vieille conception de l'Empire universel n'est pas un rêve, mais une réalité en train de s'accomplir.

Six ans après le discours de Lyon (qui date de 42), une tragédie de palais bouleversait la maison du prince. Sa femme, Valeria Messalina, qui lui avait donné un fils, appelé Britannicus (après la victoire sur la Bretagne), et qui menait, dit-on, une vie fort dissolue, projeta de donner l'Empire à l'un de ses amants, le beau C. Silius. Les affranchis du prince révélèrent le complot à leur maître et obtinrent que l'impératrice fût mise à mort en août ou septembre 48, sans que Claude osât ni la sauver ni la faire exécuter sur un ordre exprès. Resté veuf, il épousa au début de 49 sa nièce, Agrippine la Jeune, fille de Germanicus et mère d'un enfant de douze ans, L. Domitius Ahenobarbus, le futur Néron (il prit ce *cognomen* lorsqu'il fut adopté par Claude). Agrippine, bien résolue à assurer le pouvoir à son fils, aux dépens de Britannicus, et croyant comprendre que Claude n'y consentirait pas, fit empoisonner l'empereur, le 12 octobre 54. Le lendemain, Néron était acclamé *imperator* par les prétoriens, et les sénateurs confirmèrent cette acclamation. Ils y avaient été encouragés par Sénèque, fidèle depuis longtemps à la descendance de Germanicus.

Néron

Avec Sénèque apparaît explicitement une théorie du pouvoir impérial, dans le cadre du principat augustéen. Ses idées, qu'il répandit alors, nous sont connues par son traité *De la clémence*, véritable programme de gouvernement tenant compte de l'expérience acquise sous Claude. Le nouvel empereur, le jeune Néron, dit Sénèque, reviendra aux principes du régime tel que l'avait conçu le dieu Auguste, il diminuera l'importance prise par la maison de l'empereur, ses affranchis, ses procurateurs, auxquels Claude voulait donner des pouvoirs analogues à ceux des proconsuls*, ce qui lésait gravement les prérogatives de l'ordre sénatorial et ressemblait fort à la tyrannie d'un seul. C'est ce que souligne le pamphlet rédigé alors par Sénèque, cette *Apocoloquintose**, qui tourne en dérision la mémoire de Claude, et dont s'indignent, assez vainement, les modernes.

Le régime impérial, tel que le présente alors Sénèque, apparaît comme une monarchie inscrite dans l'ordre du monde. Il promet un nouvel âge d'or, où la justice et la force seront tempérées par l'*humanitas**. Il est vrai qu'au même moment Néron faisait empoisonner son frère Britannicus. Crime que l'opinion excusa volontiers car tout le monde admettait que le pouvoir ne saurait se partager.

Ce programme, qui intégrait dans le principat augustéen des idées empruntées au stoïcisme, avait le mérite de fournir un cadre idéologique à la vie politique, justifiant en raison l'universalité de la monarchie impériale et lui donnant comme fin le règne de l'*humanitas*. Magnifique commentaire à la double appellation de Jupiter, *optimus* et *maximus*, le dieu garant de l'*imperium*.

On sait que le rêve des premières années du nouveau règne ne tarda pas à se dissiper. Néron fut infidèle aux leçons de Sénèque. Entraîné par les passions de l'adolescence (il avait dix-sept ans en 54), il mit le pouvoir au service de ses caprices. Le temps de Gaius semblait revenu, si bien qu'en moins de dix années Néron dressa contre lui une grande partie des sénateurs et des prétoriens. Une conjuration se forma, en 65, autour d'un sénateur, Calpurnius Piso. Elle groupait des personnes de toute condition, sénateurs, chevaliers, soldats, et même des femmes, écrit Tacite (*Annales*, XV, 48), toutes sortes de gens à qui Néron, assassin de sa mère (il l'avait fait assassiner en 59 parce qu'il redoutait son influence sur les prétoriens), histrion, incendiaire de la Ville, faisait horreur. Mais, surtout, il s'avérait que la « mission » des Julio-Claudiens avait pris fin, que leur charisme était épuisé. La divinité d'Auguste était désormais sans efficace. La plupart des conjurés ne remettaient pas en cause le principe même du régime mais ressentaient la nécessité de confier le pouvoir à un homme nouveau, plus authentiquement doué par les dieux de ce charisme mystérieux qui, seul, justifiait le principat.

La fin des Julio-Claudiens

La conjuration de Pison fut réprimée dans le sang mais, lorsque se produisirent les insurrections de Vindex en Aquitaine et de Sulpicius Galba deux ans plus tard dans la province espagnole de Tarraconaise, le pouvoir de Néron s'effondra. Les soldats du prétoire, en dépit de leur serment, ne le défendirent pas. Ce fut le sénat qui accomplit le coup d'État, en déclarant Néron ennemi public et en proclamant Sulpicius Galba empereur à sa place.

L'année des quatre empereurs

Galba n'avait pour lui que sa réputation d'intégrité, voire de sévérité. Le jour où Néron se fit volontairement tuer (le 9 juin 68), il ne se trouvait pas à Rome mais dans sa province de Tarraconaise. Il ne brigua pas le pouvoir, il le reçut du sénat. Depuis longtemps une sorte de légende s'était attachée à son nom. Des prodiges s'étaient produits, qui semblaient le désigner à l'Empire. On disait même qu'un jour Auguste lui avait déclaré, brusquement, et comme par une inspiration soudaine : « Et toi aussi, mon enfant, tu goûteras à l'Empire. » Le peuple romain se résignait mal à ne pas être dirigé par un favori des dieux, chacun était persuadé que l'*imperium romanum* n'était pas une réalité seulement terrestre et humaine. Mais le présage qui désignait Galba se réalisa dans toute sa littéralité. Galba ne fit que *goûter* au pouvoir. Rentré à Rome au mois d'octobre 68, il fut tué par les prétoriens, le 15 janvier suivant, à l'instigation d'un ancien compagnon de Néron, Salvius Otho. L'*auctoritas** du sénat ne suffisait pas à faire un empereur. Il fallait la volonté des soldats. Ne manifestait-elle pas celle des dieux ? Or, pendant que les prétoriens acclamaient Othon, à Rome,

Vitellius, le gouverneur de la Germanie inférieure, recevait le serment de ses propres soldats. L'épreuve de force était inévitable. L'armée de Germanie et celle d'Othon se rencontrèrent à Bédriac, entre Mantoue et Crémone, le 14 avril. Les soldats d'Othon furent défaits. Leur chef se donna la mort.

La dynastie flavienne

Mais voici que l'armée d'Orient, à son tour, proclamait empereur son propre général, Vespasien, T. Flavius Vespasianus, qui commandait les troupes envoyées en Judée contre les Juifs. Ce qu'une armée pouvait faire, une autre le pouvait aussi. Vitellius était méprisé, en raison de son caractère et de son genre de vie. Vespasien, au contraire, n'inspirait que de l'estime. Mais il y avait plus. Sans doute ne comptait-il pas d'ancêtres illustres, mais le temps n'était plus où l'on se fiait aveuglément, pour conduire la cité, à des membres de la plus ancienne aristocratie. Le régime du principat n'est pas remis en question, on aspire seulement à placer à la tête de l'État un « bon » empereur, c'est-à-dire un homme expérimenté, d'âge mûr – depuis Gaius et Néron les princes adolescents ont moins de prestige qu'autrefois. Or, Vespasien était dans sa cinquante-neuvième année. C'était un homme de guerre, donc un *imperator* éprouvé. Il avait reçu les ornements triomphaux et gouverné à son honneur la province d'Afrique. Originaire de Sabine, il symbolisait, comme ses compatriotes, les vertus antiques de la race italienne, autrefois chantées par Virgile. On pouvait attendre de lui le retour au passé, déjà mythique, dont on avait la nostalgie. Lui-même n'était pas dépourvu d'une certaine aura divine, et sa personne était entourée de légende. Plusieurs prodiges, qui s'étaient, disait-on, produits en Italie même, lui avaient promis l'Empire. En Orient, les oracles s'étaient prononcés en sa faveur. De plus, la situation politique n'était pas sans analogie avec celle qui avait précédé la création du principat : l'Empire était déchiré par les luttes entre les armées, la guerre civile menaçait entre les provinces. Il était temps qu'apparût un homme providentiel, un nouvel Auguste, envoyé par la Fortune de Rome. Et ce personnage, désigné par le ciel, ne pouvait être que Vespasien ! Aussi suffit-il d'une seule victoire, remportée par son légat Antonius Primus, pour ouvrir à son armée la route de Rome, où elle fit son entrée le 21 décembre 69. Le lendemain le sénat accordait au vainqueur tous les pouvoirs qui faisaient un empereur.

Il fut tout de suite évident que les dieux n'avaient pas désigné seulement un homme mais toute une famille, celle que formaient Vespasien et ses deux fils. Lorsque, au début de son règne, Vespasien affirma qu'il « aurait pour successeurs ses fils ou bien personne » (Suétone, *Vespasien*, 25), nul, apparemment, ne s'indigna. Le principe de l'hérédité demeurait vivace dans la mentalité romaine. La notion de famille était essentielle, aussi bien dans le droit que dans la religion domestique. Elle avait assuré, pendant près d'un siècle, le pouvoir aux Julio-Claudiens, en vertu du lien mystique qui les unissait au dieu Auguste. Galba avait adopté le jeune Pison avant de l'associer à son pouvoir. Il sembla naturel que Vespasien accède à l'Empire au nom de sa race et fonde, à son tour, une dynastie sacrale.

Titus

Titus, à qui son père avait donné ainsi qu'à Domitien, son fils cadet, le nom de Caesar et le titre de prince de la jeunesse, conformément au précédent augustéen, fut proclamé empereur sans difficulté lorsque Vespasien mourut le 24 juin 79.

Domitien

À la mort de Titus, le 13 septembre 81, il en alla de même pour Domitien, que, ce jour-là, les prétoriens acclamèrent *imperator*. Le lendemain, les sénateurs lui conférèrent l'*imperium*, confirmant par là le geste des soldats, ainsi que la puissance tribunicienne* et le nom d'Augustus. Son règne devait durer jusqu'au 18 septembre 96 mais, tandis que Vespasien et Titus avaient l'un et l'autre reçu, immédiatement après leur mort, les honneurs de l'apothéose*, le sénat, décimé par la cruauté de Domitien, les lui refusa. Vespasien avait reçu un temple (qui subsiste) sur la pente du Capitole tournée vers le Forum, Titus un autre, plus modeste, inclus dans une enceinte sacrée située au sud du Champ-de-Mars, et aujourd'hui disparu. En condamnant ainsi la mémoire du tyran, victime de ses propres méfaits, les Pères mettaient fin, du même coup, à la dynastie flavienne, que les dieux avaient abandonnée.

Nerva

Quel empereur nouveau Rome allait-elle se donner ? Les conjurés qui avaient abattu Domitien y avaient songé. Ils avaient décidé d'appeler à l'Empire M. Cocceius Nerva, vieillard sans enfants, plusieurs fois consul, ami autrefois et familier de Néron. Il avait fréquenté le cercle de poètes qui entourait l'empereur, lui-même écrivait de « petits vers ». Cet homme tranquille et sage s'était rallié de bonne heure à Vespasien, qui avait fait de lui son collègue au consulat en 71. Vingt ans plus tard, il avait été celui de Domitien, dans la même magistrature. Il symbolisait la continuité du pouvoir sénatorial. Les aristocrates, en le choisissant, semblent bien avoir eu l'intention d'établir une dyarchie véritable, associant réellement le prince au sénat. Ce qui avait été, depuis Auguste, une fiction et un mythe pourrait devenir réalité. L'équilibre qui en résulterait entre les deux pouvoirs permettrait de réconcilier l'antique « liberté » et le nécessaire principat. Tacite, qui commence alors la rédaction des *Histoires*, affirme que le miracle est réalisé, que *Libertas** et *Principatus* font désormais bon ménage, depuis, précisément, que Nerva est empereur.

Mais un empereur âgé de soixante et un ans, peut-être davantage, ne peut compter sur de nombreuses années de règne. Le problème de sa succession est déjà posé. Pour le résoudre, il n'existait aucune solution prédéterminée. L'expérience avait montré seulement qu'un empereur devait avoir pour lui le dévouement des soldats, l'estime du sénat et une qualité indéfinissable, l'assentiment des dieux. Cette triple légitimité reposait, en dernière analyse, sur ses « vertus », les qualités éminentes qui lui étaient propres et dont il faisait bénéficier l'Empire, en même temps qu'elles lui assuraient l'estime et l'obéissance des soldats, le respect, voire l'affection des Pères et, conséquence suprême, la bénédiction des dieux. Or, deux de ces conditions n'étaient pas remplies par Nerva. Il avait été choisi contre le gré des soldats qui n'avaient accepté qu'à grand-peine de reconnaître son autorité. Cela se manifesta à Rome même par des troubles au prétoire mais aussi dans les provinces*, où il semble bien que les armées, en Germanie supérieure et en Syrie, aient été plus que réticentes à prêter le serment dû à l'*imperator*.

Trajan

Pour faire face à cette difficulté, Nerva, dès son avènement, désigna comme gouverneur de la Germanie supérieure un homme de guerre âgé de quarante-trois ans, M. Ulpius Traianus, dont le père, originaire d'Italica en Bétique, avait servi avec honneur sous Vespasien et parcouru la carrière sénatoriale. Lui-même, après avoir participé à plusieurs campagnes militaires, avait été successivement questeur puis préteur* et, en 91, consul* ordinaire. Après quoi, au lieu d'être chargé d'une province consulaire, ce qui eût été un cursus normal, il resta à Rome, sans aucune fonction officielle. Ainsi l'avait voulu Domitien, qui redoutait par-dessus tout qu'un chef prestigieux ne s'impose aux légions* et se fasse proclamer *imperator*. Il avait traité de la même façon Julius Agricola, le beau-père de Tacite. Nerva, qui ne craignait rien de tel, jugea que le passé militaire de M. Ulpius Traianus le désignait comme l'homme le plus apte à lui concilier la bonne volonté des soldats et, pour cette raison, il lui confia cette province de Germanie supérieure, l'un des points faibles de l'Empire, entre Rhin et Danube. Trajan aurait certainement pu sans difficulté se faire proclamer empereur par son armée. Il ne le fit pas. Ce fut Nerva lui-même qui, fort légalement, l'appela au pouvoir en l'adoptant solennellement, le 28 octobre 97.

Ainsi se trouvait remplie la première condition pour faire un empereur, le consentement des soldats. La popularité de Trajan auprès de l'armée était si grande que l'on ne pouvait douter de leur acquiescement. Nerva ne faisait que le devancer. Restait – puisque l'appui des sénateurs était acquis – la troisième condition, l'accord de la divinité. Deux circonstances prouvèrent que les dieux étaient favorables à Trajan. Pline, dans le *Panégyrique* de celuici, qu'il prononça le 1er septembre 100, mentionne un premier présage, survenu en 97 : la foule, assemblée au Capitole, avait, par erreur, acclamé Trajan du nom d'*imperator*, alors que ce titre désignait, en fait, Jupiter Capitolin (*Panégyrique*, 5, 4). Le second présage se produisit, lui aussi, au Capitole, le 28 octobre, devant la statue de Jupiter Optimus Maximus. Brusquement, Nerva déclara sa volonté d'adopter Trajan, comme s'il obéissait à une inspiration du dieu (*Ibid.*, 8, 2-3). C'est ainsi que Trajan devint empereur, avec l'approbation de l'armée, du sénat et des dieux.

Le principe de l'adoption

Nerva, en adoptant Trajan, avait réussi là où Galba avait échoué, lorsqu'il avait tenté de transmettre le pouvoir au jeune Pison, qu'il avait adopté. Désormais il fut admis que le charisme impérial se transmettrait de la sorte, et non plus par les liens du sang. Ce qui, en principe, permettrait d'appeler au rang suprême un homme dont les « vertus » seraient éprouvées. L'adoption, nous l'avons dit, était en elle-même une investiture mystique, conforme aux plus anciennes traditions romaines, pratiquée lorsque l'on introduisait, publiquement et solennellement, un « fils » dans une *gens** à laquelle il n'appartenait pas en vertu de sa naissance. Déjà, parmi les Julio-Claudiens, Auguste avait adopté le fils aîné de Livie. Tous soulignaient, sur leur titulature, leur parenté avec le dieu César ou le dieu Auguste. De la même façon les successeurs de Trajan ne manqueront pas de mentionner, jusqu'au temps des Sévères et même au-delà, la filiation qui rattache chacun d'eux à Nerva, le dieu Nerva, garant de leur mission divine. Ainsi se constitua une dynastie, dite « des Antonins », qui comprend tous les empereurs, de Nerva à Commode. En fait cette désignation n'appartient vraiment qu'au deuxième successeur de Trajan, Antonin le Pieux, dont le règne fut exemplaire, au point que son souvenir colora la mémoire de tous les princes rattachés à Nerva, d'adoption en adoption, ceux dont le règne avait connu une paix profonde et qui étaient parvenus au pouvoir sans violence ni déchirement.

Mais ne s'agit-il pas là d'un mythe plutôt que d'une réalité ? En fait le mécanisme des successions, pendant cette période qui s'étend de 98 à 180, est loin d'être absolument clair. En principe, chaque empereur choisissait, parmi tous ses successeurs possibles, celui qu'il jugeait le plus digne et l'adoptait, quelle que fût son origine. Mais en fut-il toujours ainsi ? On peut, à la rigueur, considérer que Trajan choisit Hadrien comme successeur en raison des services que celui-ci lui avait rendus, au cours de plusieurs campagnes, sur le Danube et, surtout, pendant la guerre contre les Parthes. Il ne faut pas oublier non plus que P. Aelius Hadrianus (le futur empereur Hadrien) était lui aussi un Espagnol, qu'il appartenait à une famille de colons romains installée depuis des siècles à Italica, ni qu'il avait épousé une petite-nièce de Trajan, Vibia Sabina, ce qui le mettait, par rapport à Trajan, dans la situation de parenté qui avait été celle du jeune Octavien lorsqu'il avait été adopté par César. Le vieux principe de la succession par les femmes se trouvait donc respecté. À dessein peut-être. Plus tard, Hadrien aurait déclaré que, s'il avait été simple particulier, il aurait répudié sa femme, tant elle avait mauvais caractère et se montrait maussade, mais que le mariage d'un empereur ne pouvait être dissous par le divorce. Ne serait-ce point parce que l'union avec Vibia Sabina était l'un des gages de sa propre légitimité ?

Avènement d'Hadrien

Quoi qu'il en soit, Trajan n'avait pas encore adopté officiellement Hadrien lorsqu'il mourut, à Sélinonte de Cilicie, au début du mois d'août 117. Il avait déclaré, autrefois que, selon l'exemple d'Alexandre, il ne désignerait pas son successeur. Exemple dangereux pour l'Empire. Trajan voulait-il s'en remettre au choix du sénat ? Et fut-il fidèle à sa promesse ? Nous l'ignorons. Quoi qu'il en soit, l'impératrice Plotine et le préfet du prétoire P. Aelius Attianus déclarèrent qu'à son lit de mort Trajan avait, enfin, adopté Hadrien. Cela ne persuada pas tout le monde, et beaucoup crurent à une supercherie, mais les sénateurs acceptèrent la version que leur présenta Plotine, et les soldats de Syrie n'hésitèrent pas à acclamer le nouvel empereur. Hadrien réunissait donc, d'emblée, les trois conditions nécessaires pour faire un empereur. Il entrait, par cette adoption, réelle ou supposée, dans la lignée du dieu Nerva, les soldats le reconnaissaient pour leur *imperator* et le sénat, par son silence, confirmait le choix de l'armée. Il est vrai que, dans les jours qui suivirent, périrent quatre anciens consuls, quatre opposants possibles, mis à mort, dit-on, sur l'ordre du sénat. Hadrien déclara bien haut qu'il n'était pour rien dans ces exécutions. Lui-même avait-il été choisi parce que Trajan avait estimé qu'il était « le meilleur » *(optimus) ?* Ou bien les intrigues de Plotine furent-elles à l'origine de son élévation ? Nous ne pouvons en décider.

La succession d'Hadrien

Hadrien, à son tour, lorsqu'il vit approcher le moment où il devrait quitter cette vie, se préoccupa d'assurer sa succession. En 136, déjà malade, hanté par l'idée du suicide, il adopta un certain L. Ceionius Commodus Verus, que rien ne semblait appeler à l'Empire. Il était beau, célèbre pour son goût des plaisirs, mais, au surplus, sans aucune distinction particulière. On a supposé qu'il avait été le mignon d'Hadrien, qui se plaisait à de telles amours. Une autre hypothèse, formulée il y a une cinquantaine d'années par J. Carcopino, suggère qu'il aurait été un fils naturel d'Hadrien, issu d'un adultère avec une certaine Plautia, tenu secret aussi longtemps que Vibia Sabina avait vécu. L'idée d'une filiation par le sang entre Ceionius et Hadrien peut s'appuyer sur de bons arguments et n'est pas sans vraisemblance. Quoi qu'il en soit, le jeune prince, dont la santé était chancelante, mourut le 31 décembre 137, au retour de la province de Pannonie, dont son « père » lui avait confié le gouvernement. Hadrien s'attendait à ce dénouement. N'avait-il pas déclaré, quelques mois auparavant, qu'il s'était « appuyé sur un mur croulant ? » Il manifesta un très vif chagrin, puis, peut-être libéré du devoir qu'il se serait reconnu envers un fils de son sang, il adopta, le 25 février, un sénateur de cinquante et un ans, Titus Aurelius Fulvius Boionius Arrius Antoninus, qui reçut alors le nom de T. Aelius Caesar. Hadrien avait posé une condition à cette adoption, que le nouveau Caesar adoptât, à son tour, et simultanément, deux jeunes princes ; l'un, âgé de sept ans, appelé Lucius Ceionius Commodus, était le fils de Ceionius ; l'autre, M. Annius Verus, en avait dix-sept, il était le fils d'Annius Verus, qui mourut jeune, mais appartenait à une famille sénatoriale, originaire d'Espagne. Il semble bien qu'Hadrien ait voulu que Lucius Commodus lui succède mais que M. Annius, dont il appréciait le sérieux et la droiture, lui servît de mentor lorsque le moment viendrait de remplacer Fulvius Boionius Antoninus à la tête de l'Empire. Ainsi, dans l'intention d'Hadrien, tout serait réglé pour de nombreuses années. Mais ces calculs furent, en partie, déjoués par Antonin qui, après la mort d'Hadrien, fiança Annius Verus à sa propre fille, Annia Galeria Faustina. Contrairement à l'espoir d'Hadrien, Lucius Ceionius n'obtenait plus que le second rang, et Annius Verus devenait l'héritier le plus proche.

Tous les personnages concernés par ces combinaisons appartenaient aux plus importantes familles sénatoriales, ce qui assura le consentement des Pères. Les armées, favorables à Hadrien qui, au cours de tout son règne, avait pris soin de les flatter, en se présentant comme le « camarade » *(commilito)* de tous ses soldats, prêtèrent sans hésitation le serment qu'on leur demanda, à Antonin d'abord, puis à

Annius Verus (Marc Aurèle), désignés l'un et l'autre par Hadrien. L'adoption, enfin, qui faisait de ces princes les fils du « dieu Hadrien », leur conférait le charisme impérial et les intégrait dans la dynastie « divine ».

Ces précautions, imaginées par Hadrien, permettaient d'appeler au pouvoir des hommes dont on connaissait le caractère, les talents et les « vertus », et de maintenir le principe, en partie fictif, voulant que la succession impériale fût promise au « meilleur », afin qu'à l'avenir soient épargnées à Rome les surprises que lui avait ménagées, dans le passé, la filiation par le sang. Celle-ci n'était pas systématiquement exclue. Un empereur pouvait, en droit strict, associer un fils au pouvoir, mais il pouvait aussi se choisir un autre héritier, en l'adoptant. L'héritier qu'il désignerait « ferait ses preuves », révélerait s'il était digne ou non de devenir lui-même *imperator*. En fait, l'expérience devait montrer qu'un prince, une fois adopté par l'empereur, ne pourrait guère être dépouillé de l'héritage qui lui était ainsi promis, du fait même qu'il était devenu membre de la dynastie divine. Ainsi, lorsque le fils de L. Ceionius, L. Aelius Verus, eut été adopté par Antonin, sur l'ordre d'Hadrien, en même temps que le futur Marc Aurèle, celui-ci ne put faire autrement, à la mort d'Antonin, que de prendre comme associé celui qui était ainsi devenu son frère, en même temps qu'il en faisait son gendre. Et pourtant, Lucius Verus était loin d'apparaître comme le meilleur des empereurs possibles. Les tendances qui se révélaient en lui, son goût du plaisir, sa passion pour les jeux du cirque semblaient annoncer un nouveau Néron plutôt qu'un nouveau Trajan. Mais sa mort, en 169, fit de lui un dieu, avant que le Destin lui eût permis de donner toute sa mesure, en bien ou en mal.

D'Antonin à Commode

Cependant les combinaisons échafaudées par Hadrien se réalisaient l'une après l'autre (à l'exception de celle que nous avons dite). Antonin (Fulvius Boionius Antoninus), surnommé *Pius* en raison du zèle qu'il avait mis à obtenir du sénat, réticent, la divinisation de son « père »

Hadrien – mais c'était une condition de sa propre légitimité –, régna paisiblement, de 138 à 161 (il mourut le 7 mars de cette année-là) et Marc Aurèle devint à son tour *Augustus*, après avoir été Caesar depuis l'avènement d'Antonin. Lui-même mourut le 17 mars 180. Hadrien n'avait pu prévoir au-delà. Marc Aurèle ne voulut ou ne put maintenir la fiction selon laquelle il importait de choisir le « meilleur ». Il revint, sans plus de détour, à la filiation par le sang et s'associa son fils Commode, né en 161. Dès 177 il en fit un consul* ordinaire, ce qui était contraire à toute règle ; en même temps, il lui conféra la puissance tribunicienne*. Commode fut « un mauvais empereur » et son règne, qui se termina par son assassinat, en 192, comme l'avait été celui de Domitien, dans des conditions analogues, fut le dernier de la dynastie des Antonins. Mais cela, son père pouvait-il le prévoir ?

Des nombreux enfants de Marc Aurèle, Commode était le dernier survivant. La plupart de ses frères moururent en bas âge. L'avant-dernier, M. Annius Verus Caesar, né un an avant lui, était mort en 169. Commode était donc le seul appui possible pour l'empereur lorsque éclata la révolte d'Avidius Cassius, en 175. C'est dans cette solitude morale que Marc Aurèle décida de recourir à son fils. Lui-même était alors engagé dans une politique d'expansion, sur le Danube, et il sentait que ses forces physiques commençaient à décliner. Mais il semble aussi avoir cédé au sentiment naturel d'un père pour son fils. Il était de lui-même porté à ranger parmi les plus hautes valeurs humaines le *philostorgia*, l'affection, la tendresse, à laquelle il avait élevé un temple sur le Capitole. Il avait aussi confiance dans les dieux, qui l'avaient si bien aidé au cours de son règne. Ne l'aideraient-ils pas encore au moment où il faudrait transmettre le pouvoir ? Il ne pouvait ou ne voulait déceler chez son fils les premiers signes de la folie sanguinaire et érotique qui provoqua sa chute. Comme à la mort de Néron, puis à celle de Domitien, des gouverneurs de province*, des commandants de légion* prétendirent, à la mort de Commode, s'emparer du pouvoir, mais, cette fois, la crise prit une ampleur sans précédent et, lorsque s'établit la dynastie des Sévères, ce n'était plus tout à fait du même empire qu'il s'agissait.

CHAPITRE V

LE SIÈCLE DES ANTONINS

Siècle de paix intérieure et de stabilité, grâce à l'heureuse solution apportée par Hadrien et Antonin au problème récurrent de la succession, le siècle des Antonins, venant après les vingt-six années de la dynastie flavienne, qui en forment comme le prélude, non seulement ne connut aucun repli de l'Empire aux frontières mais, au contraire, marque une période d'expansion, au cours et au terme de laquelle l'*imperium romanum* affirme son unité et sa cohésion, à la fois stratégique et spirituelle, contre les dangers qui le menacent. Les historiens modernes croient pouvoir admettre, au terme de calculs fort hypothétiques, que l'Empire comprend une population de soixante à soixante-dix millions d'habitants, en moyenne. Chiffre éminemment variable, selon les circonstances et dont on ne peut tenir compte qu'avec beaucoup de circonspection.

On avait pu craindre un moment, pendant les troubles qui accompagnèrent et suivirent la chute de Néron, que des provinces* entières n'entrent en dissidence et que l'Empire ne soit démembré. Mais il n'en fut rien. Certes le Batave Civilis prit la tête d'une rébellion, qui s'étendit à plusieurs peuples de Gaule et de Germanie, qui envisagèrent de créer un « Empire des Gaules », mais les cités gauloises situées loin de la Germanie tinrent une assemblée chez les Rèmes (à Durocortorum, Reims) et l'on prit la décision de rester sous la domination de Rome. Fidélité religieuse au serment ? Crainte de représailles de la part des Romains ? Plus probablement répugnance à retomber dans la situation à laquelle avait mis fin la conquête, désir de partager avec les conquérants les avantages d'une civilisation qui apportait les arts de la paix et l'*otium**. D'autre part, les Germains faisaient peur. L'Empire romain, au contraire, permettait aux cités de poursuivre leur vie dans leurs cadres traditionnels, au prix de quelques concessions. L'arrivée de l'armée de Q. Petilius Cerialis, envoyée au nom de Vespasien dans la vallée du Rhin, mit fin sans peine au projet d'*imperium gallicum*, auquel peu de gens semblent avoir réellement cru. Moins de deux ans avant la révolte de Civilis, la paix était revenue dans les Gaules.

Les frontières occidentales de l'Empire

Instruit par cette alerte, Vespasien installa huit légions* le long du Rhin et fit construire une ligne de forts. Il prolongea ces défenses vers l'est et prépara la pénétration des armées romaines à travers la Forêt-Noire, mais c'est à Domitien que revient d'avoir occupé les Champs Décumates (la Hesse, le pays de Bade et une partie du Wurtemberg), où étaient installées des populations qui n'étaient pas intégrées dans des « nations » ou des « cités ». Ainsi se trouva fermée, du moins en principe, la frontière entre Rhin et Danube. Ce même Domitien, dont les opérations contre les Germains avaient connu bien des difficultés, voulut donner à la région rhénane une organisation administrative solide. Il créa deux provinces de Germanie : la Germanie inférieure (dont la capitale fut Cologne) et la Germanie supérieure, dont le gouverneur résidait à Mayence. Les Champs Décumates furent rattachés à la Germanie supérieure.

Selon le même schéma, essentiellement défensif, Domitien créa, sur la rive droite du Danube, deux provinces de Mésie, la Mésie inférieure et la Mésie supérieure, alors que là n'existait qu'une seule province de Mésie, menacée par les Daces, qui franchissaient périodiquement le fleuve et ravageaient les établissements romains. Sur ces entrefaites les Daces se donnèrent pour roi un chef habile, nommé Décébale, qui jugea préférable d'entamer des négociations avec Domitien et, finalement, conclut un traité avec lui : les Romains s'engageaient à lui payer un tribut annuel et à lui fournir des ingénieurs et des ouvriers, pour la mise en valeur de son pays.

Telle était la situation lorsque Trajan parvint au pouvoir. Le nouvel empereur résolut de mettre fin à ce pacte déshonorant et aux menaces que faisaient peser sur cette région les ambitions évidentes du roi barbare. Ce furent les deux guerres daciques, dont les épisodes figurent sur la colonne Trajane. Décébale fut vaincu, une première fois, en 102. Trois ans plus tard il reprenait les armes et il remporta quelques succès, mais la victoire changea vite de camp. Les Romains occupèrent sa capitale, Sarmizegetusa (aujourd'hui Varhély), et il dut s'enfuir. Sur le point d'être rejoint, il se suicida. Son royaume, qui s'étendait sur la rive gauche du Danube, devint la province de Dacie.

Les guerres daciques marquent une nouvelle étape de l'expansion romaine. Elles ne furent pas essentiellement défensives. Certes, elles ralentirent les incursions des « barbares » sur le territoire romain, mais elles ne résolurent pas définitivement les problèmes qui se posaient et qui se poseront à nouveau sous les règnes suivants. Leur résultat le plus important fut l'annexion d'un vaste territoire qui s'étendait jusqu'aux rivages de la mer Noire et aux cités helléniques de la côte. Rome arrondissait son héritage. À cela s'ajoutèrent les immenses richesses provenant des mines d'or et d'argent exploitées depuis les temps les plus reculés en Transylvanie. Ainsi s'expliquent, comme l'a bien montré J. Carcopino, les dépenses somptuaires de Trajan, le rétablissement des finances de l'Empire et les immenses travaux exécutés alors à Ostie et à Rome. Cet afflux de métal précieux permit aussi à Trajan de mettre fin à une politique de confiscations, qui avait été celle de Domitien.

La frontière danubienne, restée calme sous Hadrien et Antonin, fut gravement menacée sous Marc Aurèle, lorsque, en 167, une invasion de Marcomans et de Quades, deux nations germaniques associées à celle des Lombards, força la frontière du Norique (la région des Alpes carniques) et se dirigea vers Aquilée. Cette invasion put être arrêtée, mais, en 169, alors que la peste causait de nombreuses pertes aux Romains, les mêmes peuples reprirent l'offensive et, cette fois, parvinrent sous les murs d'Aquilée, où ils provoquèrent de grands ravages. Ainsi, l'Italie elle-même n'était plus à l'abri des attaques venues du nord.

La réaction de Marc Aurèle fut efficace et les envahisseurs durent se replier. L'empereur prit à son tour l'offensive et franchit le Danube. La campagne fut rude. Il fallut livrer plusieurs batailles. Au cours de l'une d'elles l'armée romaine fut sauvée par un miracle : les dieux envoyèrent un violent orage, qui mit fin à une longue sécheresse et donna enfin à boire aux soldats. Quades et Marcomans, découragés, demandèrent la paix. On la leur accorda, en leur imposant diverses conditions, qui devaient les empêcher de rouvrir les hostilités. Il s'établit alors, entre l'Empire et les peuples installés au-delà du Danube, sur sa haute vallée, une situation de fait, dans laquelle les relations étaient entretenues par le commerce et des allées et venues fréquentes d'un territoire à l'autre, contrôlées par des postes militaires. L'attrait de la civilisation romaine semble avoir été vif pour les Barbares. C'est ainsi que nous voyons l'un de ces peuples, les Astingi, demander des terres à Marc Aurèle. Ils furent installés en Dacie. D'autres éléments germaniques furent dirigés vers l'intérieur de l'Empire. Dion Cassius nous a conservé le souvenir de ceux qui, autorisés à demeurer dans la région de Ravenne, finirent par y provoquer des troubles tels que Marc Aurèle dut renoncer à poursuivre cette politique d'assimilation.

Les frontières orientales

En Orient, les problèmes qui se posaient étaient autres. Depuis le règne de Néron d'assez bonnes relations s'étaient établies avec les Parthes. Sous Vespasien, un incident risqua de les compromettre, lorsque le roi parthe Vologèse demanda l'aide de Rome contre une attaque des « barbares » Alains, peuple de cavaliers nomades, que les historiens anciens qualifient de « Scythes ». Vespasien, pour quelque raison, refusa. En représailles, une armée parthe envahit les régions frontalières dans la province de Syrie. Elle fut repoussée, et la paix revint.

Vespasien, d'autre part, mit fin aux royaumes vassaux d'Arménie mineure (confiée autrefois par Gaius à un prince de ses amis) et de Commagène, annexé par Tibère mais rendu par Claude à ses rois. Ainsi se trouva créé, en Anatolie, un vaste ensemble de provinces qui s'étendait jusqu'à l'Euphrate, ce qui rendait possible l'établissement d'un *limes** capable de protéger l'Empire contre la menace parthe. Sur ce point, comme en Occident, l'Empire se referme sur lui-même, sans pourtant renoncer à reprendre son expansion à la première occasion favorable. Le *limes* est à la fois une protection et une base de départ. Telle était la situation au début du règne de Trajan. Celui-ci la connaissait bien, depuis le temps où il avait servi dans cette région, comme tribun militaire, sous les ordres de son père. Une fois les guerres daciques terminées, il décida de régler, une fois pour toutes, le problème parthe. Il y fut peut-être conduit par le désir d'assurer la paix, mais cette paix ne pouvait être acquise aussi longtemps que le royaume ennemi subsisterait. Or, vers ce même moment, Tacite rappelait, dans la *Germanie*, que le Destin de Rome voulait que l'Empire s'étendît à toutes les terres habitées. Ce sentiment, dont nous avons dit l'importance dans la politique impériale, restait donc présent dans les esprits. Le royaume parthe n'était-il pas le dernier obstacle qui séparait les pays romanisés de ceux de l'Aurore, ceux vers lesquels Alexandre, cinq siècles environ plus tôt, se dirigeait lorsque la mort l'avait surpris à Babylone ? Et Trajan n'ignorait pas que cet obstacle pouvait être surmonté, tant les faiblesses de la domination parthe étaient grandes. Il put avoir l'impression que tout devenait possible. Cela explique sans doute que, dès 105, il faisait occuper la Nabatène, ainsi que la Décapole, située au sud-est de la province de Syrie. Désormais la Palestine était reliée au golfe d'Akaba, ce qui facilitait l'accès de la mer Rouge, sans qu'il fût nécessaire de faire le détour par l'Égypte. C'était l'esquisse d'un mouvement enveloppant les pays occupés par les Parthes. Mais, cette année-là, se produisit l'attaque de Décébale et c'est seulement en 113 que commencèrent les hostilités, que préparèrent des travaux destinés à faciliter les communications avec l'Inde. Tout était prêt pour la conquête.

Le prétexte de la guerre fut la situation de l'Arménie, où les Romains avaient, comme de coutume, installé un roi qui leur était favorable, mais que refusa de reconnaître le roi parthe Chosroès. Des négociations s'étaient engagées sur ce point. Trajan les rompit, et les opérations commencèrent en 114. L'Arménie fut assez aisément occupée. Trajan l'annexa.

L'offensive reprit en 115, cette fois en direction du sud, le long de l'Euphrate. Une nouvelle province fut créée, sous le nom de *Mesopotamia*. À la fin de l'été 116, Trajan se trouvait à Babylone. Mais la présence romaine dans cette ville ne dura pas. Les pays si aisément conquis se révoltèrent. Certes, la rébellion fut vite écrasée, mais il était clair que, pour le moment au moins, on ne pouvait songer à occuper effectivement et à tenir des territoires aussi étendus. Il fallait revenir au système des rois vassaux. On remit un roi en Arménie, on en mit un à Babylone. Trajan lui-même partit pour Rome au début de l'été de 117, mais il dut s'arrêter à Sélinonte de Cilicie, où il mourut. La conquête du royaume parthe devait être remise à plus tard, mais le rêve demeurait. Hadrien et Antonin refusèrent de le réaliser, mais, autour d'eux, les « sophistes » célébraient le souvenir d'Alexandre, en qui ils voulaient voir l'unificateur de l'humanité, exemple sublime proposé aux empereurs romains. Marc Aurèle, dans ses *Pensées*, fait allusion aux conseillers qui persistaient à lui vanter Philippe et Alexandre (*Pensées*, IX, 29).

Pourtant, ce ne fut point pour des raisons idéologiques mais pour défendre l'Empire que Marc Aurèle reprit la guerre contre les Parthes qui, cette fois, sous le règne de Vologèse III, attaquèrent l'Empire, simultanément en Arménie et en Syrie et remportèrent d'abord des succès écrasants. La réaction de l'empereur fut immédiate et efficace. Il chargea son « frère » et associé Lucius Verus de coordonner une triple offensive, une contre l'Arménie, une autre en Syrie (en direction de l'est), enfin une troisième, partie d'Arménie, à travers l'Adiabène et l'Atropatène (la haute vallée du Tigre et les pays voisins de la mer Caspienne), prenant à revers le royaume ennemi. Les villes parthes tombèrent une à une et Avidius Cassius, chargé de la colonne partie de Syrie, réoccupa Babylone. Au printemps de 166 la guerre était terminée, sans que Marc Aurèle eût quitté Rome. Le commandement général des armées d'Orient fut remis à Avidius Cassius, qui devait tenter, en 175, de se soulever contre l'empereur, et ne tarda pas à périr. Peut-être avait-il reçu pour mission de poursuivre la conquête.

Les facteurs d'unité

Dans le reste de l'Empire, c'est-à-dire sa plus grande partie, pendant tout ce long siècle, la vie « à la romaine » ne fut guère troublée. Un peu partout on élève des édifices caractéristiques de l'urbanisme romain : basiliques, théâtres, temples. La vie municipale se développe, créant dans les cités de droit latin (de plus en plus nombreuses) de nouveaux citoyens de plein droit parmi les notables ayant accédé aux honneurs municipaux. Ce mouvement est sensible un peu partout. D'abord en Espagne, où vivent les descendants des colons installés dans ce pays depuis la conquête, nous l'avons dit. De là viendront Trajan, Hadrien, Marc Aurèle, dont le père comptait parmi ses ancêtres un Espagnol d'Uccubis (en Andalousie). La Gaule, elle aussi, intègre de plus en plus ses élites dans l'Empire. La mère de Marc Aurèle descendait de Domitius Afer, un rhéteur gaulois de Nîmes. Le mouvement est irrésistible. Il prouve l'unité spirituelle et culturelle du monde romain.

Nous avons vu que l'unité dont il s'agit n'était pas compromise par le fait qu'une moitié du monde était de langue grecque, l'autre de langue latine. Cette différence des langues ne crée pas un fossé entre les deux domaines. Paradoxalement, elle les rapproche. Rappelons que le grec est, dans les familles de l'aristocratie, la langue de l'enfance. Le jeune Romain a lu, de bonne heure, les grandes œuvres de l'hellénisme, Homère avant Virgile. Les fables qu'il découvre chez le vieux poète, celles que lui racontent, sur les héros et les dieux, sa nourrice et son pédagogue, l'un et l'autre grecs, sont les mêmes dont sont nourris les jeunes Athéniens et qui servent à illustrer les grandes idées morales de la *paideia*. Héraclès, Achille, Pâris sont, pour les adolescents romains, des figures familières. Horace, écrivant à l'un de ses jeunes amis qui « déclame » dans une retraite campagnarde, les lui cite comme des exemples utiles à la vie morale. Lorsque commence le principat, c'est le même monde imaginaire dans lequel baignent les esprits, en Grèce et à Rome. Ce monde est partout présent, dans la littérature mais aussi le décor de la maison, sur les peintures qui ornent les murs et dont les sujets sont empruntés à la mythologie. Cette imprégnation culturelle avait commencé deux siècles au moins avant le temps d'Auguste. Ne disons pas que les Romains avaient « copié » les Grecs, mais que, chez eux, et par eux, l'hellénisme avait continué de vivre, repris une vigueur qui semblait lui faire défaut après la floraison du Ve et du IVe siècle. Le domaine dans lequel cette symbiose est tout particulièrement féconde est la rhétorique.

La rhétorique, nous l'avons dit, et cela aussi bien en Grèce qu'à Rome, était devenue l'instrument par excellence de l'éducation et de la culture. Elle forme l'esprit des élites. Aussi les rhéteurs, tant latins que grecs, sont-ils bien accueillis à Rome. Quintilien, venu d'Espagne, reçoit de Vespasien un salaire pour enseigner l'art de parler. Mais ce même Vespasien s'était montré délibérément hostile aux philosophes, nombreux à Rome, qui ne manquaient pas d'auditeurs, mais à titre privé. La philosophie avait mauvaise réputation, depuis le temps où elle inspirait à des notables un esprit de résistance et de libre examen, qui pouvait être dangereux pour le pouvoir. Comme on pouvait s'y attendre, cette suspicion dans laquelle l'empereur tenait la philosophie eut pour effet de donner plus d'écho à l'enseignement des maîtres venus d'Orient. Ils apparaissaient comme les défenseurs de la liberté et les adversaires naturels de la tyrannie. Aussi, avec la mort de Domitien, et l'avènement des « bons empereurs », assiste-t-on à la réconciliation de la philosophie et du pouvoir. Les « sophistes » peuvent se faire entendre. Trajan a pour ami Dion de Pruse (Chrysostome) ; Hadrien fondera, dans Athènes, quatre chaires de philosophie, une pour chacune des écoles traditionnelles (Académie*, Lycée*, Épicurisme, Stoïcisme) et Marc

Aurèle philosophera pour son propre compte. Ainsi se réalise peu à peu et s'affirme dans les faits l'unité spirituelle de l'Empire. On tend à penser de la même manière dans les deux moitiés du monde.

La seconde sophistique

Cette émergence, chez les aristocrates romains, de la pensée des sophistes entraîne d'importantes conséquences pour l'idéologie impériale et pour l'idée que les Romains se font d'eux-mêmes. En Orient, les « sophistes » jouissent d'un grand prestige dans leur cité, où on leur confie volontiers le soin des affaires publiques. Ils sont, notamment, les intermédiaires naturels entre leurs concitoyens, de langue grecque, et les « maîtres » romains, qui les encouragent et s'appuient sur leur autorité morale et le prestige que leur donne leur éloquence. Ils sont amis des gouverneurs et se rendent fréquemment à Rome en ambassade pour le compte de leur cité. À Rome, ils sont accueillis avec honneur et s'intègrent aisément dans la plus haute aristocratie. Certains d'entre eux y font carrière comme avocats, ou même exercent des magistratures. Fiers du passé de l'hellénisme, ils sont attirés par celui de Rome. Ils établissent une comparaison entre le « phénomène romain » et le « phénomène grec ». C'est ainsi que Plutarque, né sous le règne de Claude, vers 44 après J.-C., écrira des *Vies parallèles* comparant la personnalité et les activités des « grands hommes » de la Grèce et de Rome. Comparaison qui n'a de sens que si elle repose sur l'idée que, dans l'un et l'autre domaine, s'appliquent les mêmes valeurs, qu'il existe une excellence humaine universellement valable. En philosophie, Plutarque se réclame du platonisme. Il admet donc le caractère absolu du Beau et du Bien, qui n'appartiennent pas à telle ou telle cité mais à l'être humain en soi.

Ce sentiment, unanimement admis par les écoles issues de la « révolution socratique », se retrouve dans les écrits et les discours des « sophistes », qui s'emploient à justifier aussi bien l'idéologie romaine que celle de l'hellénisme. C'est ainsi que Dion de Pruse expose, dans un premier discours, une théorie de la monarchie idéale, en tirant ses arguments de la tradition homérique (comme déjà, au temps de César, nous l'avons rappelé, l'épicurien* Philodème), puis, dans un autre, il fait l'éloge des vertus paysannes, reprenant ainsi un thème typiquement romain, jamais renié depuis Caton le Censeur. Les deux traditions confluent et s'étayent mutuellement.

Ces sophistes admirent vraiment Rome. Ce qu'ils en disent ne relève pas de la simple flatterie. Sa réussite matérielle les étonne. L'Empire est un phénomène unique. Les royaumes hellénistiques n'avaient jamais réalisé rien de semblable, et encore moins les cités de l'âge classique. Aussi, lorsqu'ils font l'éloge du pouvoir romain, sont-ils sincères, comme l'était Polybe qui, au temps des Scipions, s'interrogeait sur les causes de sa réussite. Cette réussite leur apparaît comme un moment du devenir humain, le moyen, pour la divinité, de réaliser le triomphe définitif de l'hellénisme. Cette idée, depuis longtemps présente et comme en germe chez les écrivains et les penseurs, de la parenté profonde qui existe entre les Romains et les Grecs, unis dans un même destin, s'affirme désormais avec force. On la trouve, par exemple, dans les discours officiels prononcés par le « sophiste » Aelius Aristide, son éloge d'Athènes sous Antonin, et son éloge de Rome sous Marc Aurèle. Les deux civilisations sont présentées comme complémentaires. Athènes, dit Aristide, a tout inventé, sauf un art, que les Romains ont découvert, celui de « commander », c'est-à-dire de créer un ordre, d'établir des rapports stables et rationnels entre les cités et les peuples. Rome seule peut réaliser l'idéal auquel aspiraient les Grecs au temps d'Isocrate et d'Alexandre, ce mythe d'une patrie universelle, où régneraient les valeurs de l'hellénisme. De tels propos ne pouvaient que séduire les milieux dirigeants romains, qui n'avaient pas renoncé à leur vieux rêve d'étendre l'*imperium* aux limites du monde habité.

Le poids et la force du passé

Cela ne signifiait nullement que ces mêmes Romains fussent disposés à renoncer à leurs traditions, à leur originalité historique et morale, bref, à s'helléniser. Nous savons, par Juvénal entre autres, qu'il existait encore, sous les Flaviens, une hostilité certaine à l'égard des « petits Grecs » que l'on voyait se glisser partout et envahir Rome. Cela n'était pas neuf. Sans même évoquer l'attitude de Caton le Censeur, qui refusait systématiquement les « mœurs grecques », on se souviendra que Plaute a lui aussi caricaturé ces Orientaux ambitieux. Les différences ne sont pas totalement effacées entre l'Occident et l'Orient. Même si les heurts provoqués par les mesquineries de la vie quotidienne et les rivalités de clientèle sont moins violents que par le passé, les Romains de vieille souche et ceux qui sont issus des provinces* romanisées depuis longtemps n'en conservent pas moins le sentiment d'une supériorité morale, qui doit leur assurer la prééminence dans l'Empire.

La supériorité politique de Rome tient, pense-t-on alors, à sa fidélité aux principes de toujours, et l'on constate, pendant tout le siècle des Antonins, une aspiration évidente, parmi les écrivains et les penseurs de langue latine, à redonner vie aux choses du passé national. Cela explique, par exemple, que l'on se prenne alors de passion pour les œuvres littéraires antérieures à l'âge classique, que, dans les écoles, on préfère Ennius à Virgile, que l'on s'interroge sur les vieux mots et les anciennes coutumes, comme on le voit dans les *Nuits attiques* d'Aulu-Gelle et la *Correspondance* de Fronton. Celui-ci ne cesse de conseiller à Marc Aurèle de penser et de parler « en Romain ». À ce prix seulement est le salut de l'Empire.

Quelles que soient les différences survenues dans la vie politique, depuis la fin de la République et même les débuts du principat, les structures de l'État continuent, pour l'essentiel, et dans les mots, celles de toujours. Le prince, il est vrai, est le maître absolu mais il exerce son pouvoir dans des formes proches de celles d'antan, le vocabulaire contribuant à donner l'impression que tout reste immuable.

Le sénat

Le sénat demeure et continue à fournir une partie non négligeable des cadres de l'administration, les magistrats, depuis les questeurs jusqu'aux gouverneurs des provinces sénatoriales. Composé d'hommes qui sont redevables à l'empereur de leur élévation aux degrés successifs du *cursus*, il ne peut guère faire preuve d'indépendance, mais il peut infléchir la volonté du prince, et, surtout, son rôle social demeure essentiel. Il rassemble ce que la société romaine a de plus haut. Nullement fermé sur lui-même, il accueille les élites provinciales. Il est le lieu par excellence de la romanité. Tel sénateur récemment appelé dans la curie* se montrera plus conservateur que des collègues appartenant à des familles anciennes.

Les sénateurs forment un ordre (*ordo senatorius**), doté d'un statut juridique particulier, astreint à des obligations précises. La première est la possession d'un capital de un million de sesterces (cela depuis Auguste), constitué par des domaines situés en Italie, du moins au début du principat. Peu à peu, il fut admis que des propriétés sises dans les provinces seraient prises en compte, mais pour une part seulement, deux tiers sous Trajan, trois quarts sous Marc Aurèle. En principe, les sénateurs sont domiciliés à Rome. Ils ne doivent pas quitter la Ville sans autorisation, sauf pour se rendre en Italie, en Sicile ou en Gaule narbonnaise, mais leur absence ne peut être que temporaire. Il est vrai que cette réglementation se fit de moins en moins stricte à mesure que des personnalités originaires de provinces plus lointaines étaient appelées à entrer au sénat. Mais l'obligation de posséder une résidence à Rome demeura. La Ville est le centre du pouvoir. Sa prééminence dans l'Empire ne saurait être contestée. Lorsqu'elle le sera, pendant les troubles du IIIe siècle, commencera le temps de la décadence.

L'ordre équestre

L'existence de l'ordre sénatorial (au moins en son principe, la constitution d'une assemblée des Pères) est un héritage de la *Libertas**. Il en va de même pour l'ordre des chevaliers, second en dignité dans l'État. Autrefois rivaux des sénateurs, à la fin de la République, les chevaliers ne jouaient alors qu'un rôle très secondaire dans la vie politique, mais leur importance économique (ils tenaient entre leurs mains toutes les grandes affaires, commerciales et bancaires, interdites aux sénateurs) n'avait fait que croître à mesure que les provinces s'ajoutaient aux provinces. Auguste, nous l'avons dit, avait eu recours à certains d'entre eux pour l'aider à administrer l'Empire tout en réduisant l'intervention des magistrats de rang sénatorial. Très vite, les chevaliers furent, eux aussi, constitués en un ordre. Pour en être membre, il fallait posséder une fortune d'au moins 400 000 sesterces, mais c'est l'empereur qui désigne les jeunes gens qui en feront partie. Ils doivent accomplir d'abord un temps de service militaire (comme, d'ailleurs, les futurs sénateurs). Ils ont pour insigne une tunique ornée d'une bande de pourpre étroite (angusticlave), outre l'anneau d'or traditionnel. Les jeunes sénateurs, eux, portent une tunique dont la bande de pourpre est large (laticlave). Puis, leur « milice » terminée, les chevaliers entrent dans la hiérarchie des procuratèles, qui forment un véritable cursus, selon le traitement attaché à chacune d'elles.

À partir d'Hadrien, les procurateurs de rang équestre (distincts des affranchis de l'empereur, chargés de telle ou telle mission) sont de plus en plus nombreux, au point de constituer un corps de fonctionnaires placé sous la dépendance directe des bureaux de l'empereur plutôt qu'un ordre intégré dans l'ensemble de la société. Le pouvoir du prince façonne celle-ci et durcit les structures, sans encore, il est vrai, dresser des obstacles à la mobilité, mais la société bloquée du IVe siècle commence à se profiler. Sous Hadrien, les jeunes chevaliers ne sont plus assujettis à l'obligation d'accomplir des milices, mesure qui a pour effet de les mettre à part dans l'ensemble de la cité.

Une hiérarchie de bienfaits

Cette hiérarchie, héritée, dans sa forme, de celle qu'avait instituée, dès le VIe siècle avant J.-C., la constitution servienne*, systématisait, du moins en apparence, la structure censitaire traditionnelle. Depuis les temps les plus lointains, les responsabilités étaient assumées par les citoyens que leurs ressources désignaient comme de véritables chefs de clans, des Pères, entourés de leurs proches mais aussi de leurs clients, dont ils étaient « comme les pères » *(patroni)*. Ce principe, valable pour Rome, régissait également les cités provinciales, aussi bien en Occident qu'en Orient, quelles que fussent les différences, d'ailleurs variables, qui subsistaient dans les institutions municipales des unes et des autres. Même si l'on rencontrait encore ici ou là, des villes grecques où survivaient quelques vestiges de démocratie (sans participation, bien sûr, des esclaves et des étrangers domiciliés, les métèques), la prépondérance de l'aristocratie, c'est-à-dire des plus riches, est générale. La *boulè* – équivalent du sénat – dirige en fait la vie municipale, l'assemblée « populaire », l'*ecclésia*, ne faisant guère qu'entériner les propositions de décret.

En Occident, les institutions de chaque cité étaient semblables à celles de la Rome républicaine : au sénat correspondait le conseil des décurions, aux consuls* des duumvirs, qui, tous les cinq ans, étaient chargés des fonctions qui, à Rome, étaient autrefois celles des censeurs. Les magistrats sont élus par l'ensemble des citoyens. Ces élections donnent lieu à de vives compétitions, moins entre les candidats eux-mêmes qu'entre les groupes qui soutiennent tel ou tel. Les magistrats ne sauraient être que des personnalités éminentes dans la petite ville, suffisamment riches pour faire face aux dépenses impliquées par les « honneurs », et d'abord le don fait à la communauté d'une somme déterminée, la *summa honoraria*, qui est le remerciement de l'élu à ses électeurs. Ce sont les membres de cette aristocratie de fait qui contribuent à toutes les dépenses plus ou moins somptuaires de la petite ville : construction de monuments, érection de statues soit pour décorer le forum local soit pour honorer un empereur dont le règne commence. La valeur suprême est la gloire, ou du moins la notoriété. De loin en loin, pour une occasion quelconque, un notable offre à tous ses concitoyens un banquet public, auquel s'ajoute souvent une distribution d'argent. De nombreuses inscriptions nous ont conservé le souvenir de ces actes de générosité, de cet « évergétisme », pratiqué dans toutes les régions de l'Empire. L'idée même de pouvoir est inséparable de celle de « bienfaisance ».

Le bienfaiteur suprême est l'empereur, comme, dans le monde hellénistique, ce rôle était celui du roi. Aussi, de même que les bienfaiteurs par excellence sont les dieux, de même l'empereur en viendra à être divinisé de son vivant, d'abord, en Occident, joint à la déesse Rome, plus ouvertement, et en son seul nom dans les villes d'Orient. Mais c'est moins la personne vivante de l'empereur qui devient l'objet d'un culte que la force mystique qu'il représente, celle que les sénateurs avaient reconnue au vainqueur d'Actium lorsqu'ils lui avaient conféré le nom d'*Augustus*. Aussi les temples élevés d'abord dans cet esprit le sont-ils à l'invocation de Rome et Auguste, les deux *numina*, les deux puissances mystiques ainsi associées unissant l'être de Rome, de son *imperium*, reconnu déjà comme divin, nous l'avons dit, depuis le IIe siècle avant J.-C., et l'efficace religieuse de l'*Augustus*.

L'Empire, dans son ensemble, peut donc être présenté comme une pyramide de « protecteurs », de « pères », allant depuis les notables locaux jusqu'au prince. Déjà Sénèque, vers la fin de sa vie, avait montré que, dans l'univers entier, le véritable lien entre les êtres était les « bienfaits » qu'ils se rendaient les uns aux autres et la reconnaissance réciproque que cela entraînait. C'est là une loi de nature, sur laquelle avaient médité les philosophes de toutes les écoles, aussi bien les épicuriens, qui faisaient de l'amitié (considérée comme un échange de services) l'un des fondements de la vie sociale, que les stoïciens donnant à chacun comme règle d'être utile aux autres hommes. Dans cette perspective l'Empire pouvait apparaître comme le plus « philosophique » des régimes politiques concevables, un régime dont on pouvait rendre compte en raison et qui, au moins en principe, ne laissait aucune place à la violence. Mais, en même temps, cette monarchie fondée sur le *beneficium* ne contredisait pas aux traditions morales les mieux enracinées de la mentalité romaine.

Permanence et vitalité du droit

S'il est vrai que l'institution impériale se développe en restant fidèle à celle-ci, on ne s'étonnera pas de l'importance prise par le droit et les juristes au temps des Antonins. Certes, l'étude du droit avait toujours été pratiquée depuis le temps de la *Libertas**, elle était essentielle pour les futurs magistrats, qui auraient à siéger comme juges en de nombreuses occasions. Mais Cicéron regrettait que ces études n'aient donné lieu à aucune mise en forme des principes ni des différentes jurisprudences. Le droit est encore, à la fin de la République, une sorte d'activité artisanale, exercée par les « prudents » de manière empirique. Une semblable pratique présentait, aux yeux des Romains, l'avantage considérable de soumettre chaque cas particulier au jugement d'un arbitre, de ne pas appliquer automatiquement une règle abstraite. On était persuadé, alors, quc « le droit absolu est l'injustice absolue » *(summum ius, summa iniuria)*. Rien, là, qui ressemblât à l'intellectualisme mutilant d'un système déduit de principes *a priori*. Rome ne fut jamais la République de Platon. Cependant, il n'en restait pas moins que la connaissance des textes, des lois de diverses natures votées par les assemblées populaires et celle des précédents exigeaient un long effort de mémoire que l'on ne pouvait demander à tous les magistrats. Ce qui avait donné naissance à des écoles de spécialistes qui s'étaient efforcés de classer, de mettre en ordre la masse des données héritées de la tradition. Selon leurs tendances, les jurisconsultes enseignaient à leurs élèves ou bien de s'en tenir à celle-ci, ou bien de la modifier, d'innover, en adaptant les règles d'autrefois aux conditions nouvelles.

Chaque magistrat possédant l'*imperium* avait le droit, nous l'avons rappelé, de prendre des édits. Il en allait ainsi, naturellement, des préteurs* qui, à leur entrée en charge, énonçaient officiellement les règles qu'ils suivraient dans l'administration de la Justice. En pratique, cet édit était repris d'année en année, avec peu de modifications. Il n'était pas moins vrai qu'il y avait là comme une source de manquements possibles au bon fonctionnement de l'institution judiciaire. Hadrien voulut que l'édit du préteur devînt immuable, fixé une fois pour toutes. Il chargea un jurisconsulte, Julianus, de rédiger cet édit nouveau qui constitua l'ébauche d'un Code, qui ne verra le jour que bien plus tard, avec les empereurs byzantins. Mais l'édit perpétuel voulu par Hadrien ne consacrait pas une sclérose du droit romain. Celui-ci continuait de vivre et d'évoluer, mais dans un autre cadre, le conseil du prince, qui comprenait les jurisconsultes les plus savants et aidait l'empereur dans son rôle de législateur. Nous pouvons nous faire une idée, grâce au *Digeste**, de l'intense activité de ces juristes dont les idées, peu à peu, façonnaient la société, à Rome et dans les provinces. Les problèmes soumis au conseil sont aussi bien d'ordre public que d'ordre privé. Il s'agit, par exemple, de déterminer le choix des tuteurs pour les impubères, ou, ailleurs, de règles à observer par les services de l'annone (le ravitaillement), ou bien la réglementation des Jeux* dans les cités provinciales. La « Providence » de l'Empereur s'étend à tous les domaines, à toutes les personnes.

La législation qui se dégage de cet ensemble de textes a visiblement pour intention de maintenir la hiérarchie sociale, et admet que tous les citoyens ne sont pas égaux en droit. C'est au temps des Antonins qu'apparaît la distinction entre *honestiores* et *humiliores*. Les seconds sont les « petites gens », ne tenant dans la société qu'une place peu importante. Les premiers sont, au contraire, les notables, les « grands », à Rome et dans les cités provinciales. En cas de faute, le châtiment ne sera pas le même pour les uns et pour les autres. Il sera plus sévère pour les *humiliores*. Si, par exemple, les *honestiores* sont punis d'exil, les « humbles » le seront de la peine capitale. Cette distinction, dont les modernes peuvent se scandaliser, relève de la distinction traditionnelle à Rome entre le droit strict et l'équité. Le « notable » condamné est déshonoré, il perd sa situation dans la cité. L'*humilior*, en revanche, est en quelque sorte invulnérable à cet égard. Pour le châtier, il faudra le frapper dans sa personne.

Les esclaves

En droit strict, les esclaves sont « la chose » de leur maître, qui a sur eux tout pouvoir, comme sur tous les objets dont il est propriétaire. L'esclave peut être vendu, il ne saurait avoir une épouse ni des enfants légitimes. Tels sont les principes, mais l'évolution des mœurs leur a, très tôt, apporté des adoucissements. Ainsi le maître qui abandonne un esclave vieux et malade perd tous ses droits sur lui. L'homme devient libre. Peu à peu s'était dégagé ce que les juristes appellent un *ius gentium,* un droit non écrit, qui concerne tous les êtres humains, à quelque société qu'ils appartiennent. C'est là un véritable droit naturel, qui intervient lorsque le droit formel atteint ses limites. Ne pensons pas que cette notion ait été inspirée par les philosophes. Ceux-ci ont seulement aidé à préciser et clarifier des pratiques très anciennes, qui apparaissent sous la forme de rites destinés à régler les rapports de la cité romaine avec les autres groupes humains, ainsi les rites qui entourent les déclarations de guerre et qui forment, en eux-mêmes, un droit particulier, le *ius fetiale**, qui doit être observé pour que la guerre soit « juste », légitime, donc approuvée par les divinités. Ce besoin d'établir des règles échappant à l'arbitraire, de discerner ou d'établir un ordre dans le réel, est une exigence profonde de l'esprit romain. Il se manifeste aussi vigoureusement au temps des Antonins que sous le vieux roi Numa. Ce lent travail qui se produit et qui a pour objet les réalités de la vie sociale est l'un des apports essentiels de l'Empire à l'organisation du monde.

Une autre tendance encore avait pour effet d'effacer, autant que cela était possible, l'injustice que constituait l'existence de la condition servile. Depuis la fin de la République, les affranchissements s'étaient multipliés, et les anciens esclaves s'intégraient sans difficulté dans la société. Avoir été esclave ou être né d'un père qui l'avait été ne constituait pas une tare, mais une « condition de Fortune ». L'esclavage n'apparaissait que comme une nécessité économique, voire une commodité dans la vie quotidienne, il n'empêchait nullement que s'établissent des liens affectifs à l'intérieur de la maison. Les affranchis appartiennent à celle-ci. Ils restent liés à leur ancien maître par des obligations de service, ce qui accroissait le nombre des personnes gravitant autour des « notables » et leur clientèle. Un détail d'onomastique permet d'entrevoir le caractère spécifique de cette dépendance. Les affranchis du prince, en effet, étaient appelés *Augusti libertus* (affranchi de l'Auguste), alors que ses esclaves étaient dits *Caesaris servus* (esclave de Caesar). Esclaves, ils ne relevaient que de l'empereur comme personne privée. Affranchis, ils participaient à la dimension divine ou quasi divine de la maison sacrée. Ce qui leur conférait un prestige particulier et les habilitait à traiter de manière semi-officielle les affaires que leur confiait le prince. Ce système dura jusqu'à Claude, qui mêla intimement l'administration de sa maison à celle de l'Empire. Puis le rôle des affranchis impériaux passa graduellement à des procurateurs de rang équestre.

Quelle était la condition réelle des esclaves pendant cette période de l'Empire ? Nous sommes assez mal renseignés. Il convient certainement d'établir une distinction entre les esclaves travaillant sur de grands domaines et les esclaves domestiques, qui vivaient dans les villes et, au moins dans des familles de moyenne importance, entretenaient avec leurs maîtres, plus proches d'eux, des relations personnelles. Les premiers, au contraire, n'avaient affaire qu'à des intendants et leur grand nombre, sur une même exploitation, imposait que l'on maintînt une stricte discipline. Le danger des révoltes serviles était apparu en Sicile et en Italie du Sud à la fin de la République. Mais il semble avoir été moins grand sous l'Empire lorsque, au lieu d'esclaves, on utilisera comme main-d'œuvre, sur les immenses propriétés provinciales, des colons de condition libre, vivant de façon plus humaine.

L'économie de l'Empire

Un tableau, même rapide, de la société à Rome et dans l'Empire montre que la possession des richesses ou leur absence déterminait le rang de chacun. Ce sont les plus riches qui peuvent aspirer aux honneurs, mais ce sont eux aussi à qui incombent des devoirs dont l'accomplissement assure la stabilité du système social. Ces richesses, d'où venaient-elles, et comment étaient-elles réparties ?

Dans l'ensemble de l'Empire, l'agriculture était l'activité fondamentale, destinée à produire non seulement la nourriture quotidienne mais aussi des denrées qui faisaient l'objet d'échanges et dont le commerce était fructueux, à la fois pour les particuliers et pour l'État. Le premier souci du pouvoir, depuis le IIe siècle avant J.-C., était d'assurer le ravitaillement de Rome, auquel ne pouvait suffire la maigre production céréalière d'une Italie où la terre était de plus en plus abandonnée aux éleveurs et de moins en moins réservée aux laboureurs. Le problème était devenu aigu à la fin de la République. Il avait fallu créer un service de l'annone (c'est-à-dire de l'approvisionnement), qui prit, sous l'Empire, une importance croissante. Deux provinces*, l'Afrique et l'Égypte, étaient, par excellence, les greniers de l'Empire. La plus grande partie de leur production était réquisitionnée (la première ébauche du système avait été établie en Sicile, depuis des siècles) et payée à un prix fixé par l'administration. Mais il restait une certaine marge, qui approvisionnait un marché libre sur lequel la spéculation restait possible, au profit de négociants qui jouaient sur les cours. Le point délicat du système était moins l'approvisionnement que le transport, qui se faisait, naturellement, par mer et se trouvait soumis à toutes sortes d'aléas. Aussi fallut-il prendre des dispositions pour favoriser les armateurs, leur consentir des privilèges fiscaux, tenir compte de la dépréciation des stocks, etc. Il y avait là d'intéressantes sources de revenus pour les particuliers.

Si la culture du blé n'était plus pratiquée, en Italie, que de façon accessoire et seulement pour les besoins locaux, les terroirs les plus féconds, ceux qui étaient, aussi, les plus faciles à cultiver, parce qu'ils étaient proches des villes, étaient plantés en vigne et en oliviers. C'était le cas, en particulier, de la Campanie, de l'Émilie, de la Gaule cisalpine et de la Toscane dans les plaines alluviales et sur les coteaux. L'exploration de Pompéi et de sa région a montré la forme prise par ce type d'exploitation. Il y a là de véritables fermes, où les bâtiments de culture voisinent avec les parties « bourgeoises », résidence des maîtres. Il arrive même que des maisons urbaines soient flanquées de parties rustiques : un cellier, un pressoir, près desquels sont encore entassées les amphores destinées à enlever la récolte.

Ce genre de culture s'était généralisé en Occident, en dehors de l'Italie, en Gaule, non seulement en Narbonnaise, mais jusque chez les Séquanes, devenus producteurs de vin, et, naturellement, en Espagne. De même la province d'Afrique (à peu près l'actuelle Tunisie) n'était pas entièrement consacrée à la culture du blé. Les vignes et les oliviers y avaient aussi leur place, à mesure que se développaient les villes. Au temps de Domitien la quantité de vin produite en Occident devint telle que les viticulteurs italiens ne parvenaient plus à exporter le leur, si bien que l'empereur prit un édit interdisant d'accroître, en Italie, les surfaces plantées en vigne et enjoignant d'arracher la moitié des plants existant dans les provinces. Telle est du moins l'interprétation que l'on donne ordinairement de cet édit, qui dut avoir pour effet de maintenir à un niveau suffisant les revenus agricoles des terres italiennes, ressource principale des membres de l'ordre sénatorial.

Les fouilles sous-marines, qui se sont multipliées de notre temps, ont montré que le vin et l'huile faisaient l'objet d'un commerce très actif d'un bord à l'autre de la Méditerranée. Du vin de qualité était exporté d'Italie vers l'ouest de l'Afrique, où de grands espaces étaient encore abandonnés aux tribus de Numides, traditionnellement pasteurs et nomades. À côté du vin, parmi les principales denrées échangées entre les provinces et Rome, une grande place revenait au *garum*, une sauce de poisson produite dans des pêcheries d'Espagne et condiment fort apprécié, très utilisé dans la cuisine de ce temps. Il existe à Rome même un curieux témoignage attestant l'énorme volume de ce commerce, ce sont les tessons et les débris d'amphores dont est formée la colline du Testaccio, voisine de l'Aventin ; beaucoup de ces amphores avaient servi à transporter du *garum !*

Entre Rome et les provinces orientales, le commerce portait sur des marchandises assez différentes. Il y avait, là aussi, du vin et de l'huile, mais ce qui affluait vers la Ville c'étaient bien davantage des produits de luxe, des objets fabriqués par les artisans syriens, égyptiens ou anatoliens : meubles précieux, tapisseries, étoffes teintes de pourpre (spécialité syrienne), soieries, tissus de coton, dont la matière première provenait de pays extérieurs à l'Empire, depuis les confins de la Chine ou de l'Inde, soit par caravanes soit par bateaux, le long du golfe Persique et de la mer Rouge. À cela s'ajoutaient les épices et les parfums, dont il se faisait une grande consommation.

Les monnaies

La réalisation de ces échanges était rendue possible par l'existence d'une masse monétaire considérable, comprenant trois sortes de monnayage, des pièces d'or, des pièces d'argent, enfin des pièces de bronze. Ces dernières seules sont frappées pour le compte du sénat, héritier de l'*aerarium Saturni*, le trésor de la cité républicaine. Les deux autres dépendent du prince et de lui seul. Il existe, vestiges de temps plus anciens, des ateliers monétaires provinciaux (le plus actif est celui d'Alexandrie), mais ils s'alignent sur les frappes impériales. Les mines appartiennent au prince, qui possède donc un moyen d'agir efficacement sur l'ensemble de l'économie. Mais les dépenses auxquelles doit faire face le trésor du prince *(aerarium Caesaris)* sont telles que, malgré l'immensité des ressources dont il dispose, il devint nécessaire, à tel ou tel moment, de procéder à des dévaluations monétaires, essentiellement en diminuant le poids de métal précieux contenu dans une pièce. Il y en eut une sous Caligula et Néron, dont la cause fut, dit-on, l'excès des dépenses engagées par le prince. Puis, sous le règne de Caracalla, tout le système fut réorganisé, avec la création d'une nouvelle pièce d'argent, l'*antoninianus*, un peu plus lourde que le traditionnel denier d'argent, qui resta en circulation. L'*antoninianus* disparut une trentaine d'années après sa création, et le titre des pièces d'argent ne cessa de diminuer. La frappe des monnaies de cuivre fut retirée au sénat. Une réorganisation quasi définitive fut l'œuvre de Dioclétien, dans les dernières années du IIIe siècle.

Les impôts

Depuis le IIe siècle avant J.-C. la terre italienne n'était plus soumise à l'impôt direct. Il n'en allait pas de même dans les provinces, où les exploitations agricoles étaient taxées, selon des critères variables. Pour établir l'assiette de cet impôt, Auguste fit procéder à des recensements, qui constituèrent un véritable inventaire du monde romain.

L'essentiel des ressources provenant de l'impôt est fourni par des prélèvements indirects portant sur les transferts de propriété : 1 % sur les ventes aux enchères (pratique courante alors) ; 5 % sur le montant des héritages. Ces deux impôts alimentaient une caisse spéciale, l'*aerarium militare*, destinée à assurer le budget des armées. Puis un impôt de 4 % frappait les ventes d'esclaves, et un autre, de 5 %, leur affranchissement.

Le transport des marchandises donnait lieu à des taxes multiples, les *portoria* (ou « droit de passage »), perçus en divers points, sur les routes, aux limites des provinces ou des cités.

Les produits de cette envahissante fiscalité étaient, au temps d'Auguste, répartis (inégalement) entre le trésor administré par le sénat, l'*aerarium Saturni* et le trésor du prince. Mais une évolution irrésistible fit que le premier diminua d'importance et, à la fin du IIe siècle de notre ère, le trésor de Saturne ne concernait plus guère que les finances de la ville de Rome. Celles de l'Empire relevaient du « fisc ». Le prince et ses bureaux, gérés par des procurateurs, deviennent les véritables maîtres de l'économie. Les sociétés de publicains qui, autrefois, affermaient la perception des impôts et en tiraient grand profit, aux dépens de l'État, disparaissent progressivement. Au milieu du IIe siècle après J.-C., elles ne jouent plus qu'un rôle insignifiant. Il s'ensuit que les chevaliers, qui, autrefois, animaient ces sociétés, sont désormais privés de cette source de revenus. Raison de plus pour entrer au service du prince et suivre une carrière procuratorienne. Rome s'achemine vers une société de fonctionnaires.

Les dépenses du prince

Les revenus de l'empereur tendent, de règne en règne, à devenir de plus en plus considérables. En revanche c'est à lui qu'incombent les principales dépenses de l'État : solde des armées, libéralités « exceptionnelles » aux soldats, entretien des deux flottes qui garantissent la sécurité des mers. À partir des Flaviens ce sont les princes qui entreprennent un effort d'urbanisme inconnu depuis le temps d'Agrippa. Sous les Julio-Claudiens, les empereurs bâtissaient pour eux-mêmes. Ainsi Tibère dans sa demeure du Palatin, puis Néron élevant sa Maison d'Or et occupant une grande partie du sol urbain. Vespasien, en revanche, établit un Forum non loin de celui d'Auguste. Domitien en construit un autre, dont on fit honneur à Nerva, après la mort du « tyran ». Trajan poursuivit cette série des *fora* impériaux en confiant à l'architecte Apollodore de Damas le soin d'édifier un immense complexe, au milieu duquel s'élève encore aujourd'hui la célèbre colonne où sont représentés les épisodes des guerres daciques. À ce Forum s'ajouta un immense marché, sur deux terrasses, où étaient installés des services administratifs. Commerce libre et commerce d'État y étaient pratiqués côte à côte.

La nouvelle cité

Un autre monument public resté à jamais célèbre, le Colisée, est caractéristique de ce nouvel urbanisme. Commencé par Vespasien, et dédié par Titus en 80, il ne fut vraiment achevé que par Domitien. La vie urbaine reçoit ainsi un cadre grandiose, qu'elle n'avait pas connu jusque-là. L'amphithéâtre est le lieu des Jeux* sanglants : combats de gladiateurs, puis d'hommes et d'animaux, d'animaux entre eux *(venationes)*. Les premiers, forme évoluée de sacrifices humains, n'appartiennent pas à la tradition proprement romaine, mais aux Osques (Campaniens). À Rome, sous la République, de tels Jeux, donnés pour les funérailles d'un grand seigneur, avaient lieu sur le Forum. Le premier amphithéâtre de pierre, dans la ville, fut construit, sous Auguste, par T. Statilius Taurus. Pompéi en possédait un depuis près d'un siècle. L'amphithéâtre de Statilius Taurus avait été détruit par l'incendie de Néron, en 64. Pourquoi cette décision de Vespasien, de le remplacer par un édifice qui serait le plus grand du monde ? D'abord, sans doute, le désir de rendre « au peuple » l'espace usurpé par Néron pour sa demeure privée. Sur ce même espace Titus élevait des Thermes, cadre par excellence du loisir. Colisée et Thermes sont complémentaires. Ce sont des lieux de réunion. Depuis que le peuple ne jouait plus aucun rôle dans la vie politique, il était nécessaire de prévoir des lieux nouveaux, autres que le vieux Champ-de-Mars, où les quirites* prendraient conscience de leur existence collective, comme membres d'une cité. Déjà, au temps de Cicéron, les Jeux donnés au théâtre étaient l'occasion saisie par le public de manifester en faveur de tel ou tel, de peser sur les décisions des puissants. Sous la monarchie flavienne l'urbanisme fournit, effectivement, les instruments qui permettront aux citoyens, devenus sujets, de participer à de « grands événements » – ce que sont les Jeux – et de communier dans leur gratitude envers celui qui leur offre ces plaisirs, le prince qui, depuis la loge impériale, affecte de n'être qu'un spectateur comme les autres, alors que, tout le monde le sait, il est le véritable metteur en scène et du spectacle qui se déroule sur l'arène et de tout ce qui, dans le même temps, se produit sur une autre arène infiniment plus vaste, le « cercle du monde » *(orbis terrarum)* soumis à son *imperium*. Les épigrammes de Martial, composées à l'occasion de ces Jeux, ne relèvent pas d'un esprit courtisan. Elles répondent à un sentiment profond, dont il convient de tenir compte si l'on veut comprendre la manière dont les contemporains du poète ressentaient la signification politique et cosmique de la monarchie impériale. Avec le Colisée apparaît et s'affirme la conception de l'empereur *cosmocrator*, qui triomphera au temps de l'Empire byzantin. N'y voir que le symbole sanglant de la cruauté et de la lâcheté humaines relève d'une vue un peu courte de l'histoire.

CHAPITRE VI

LES DÉSORDRES D'UN SIÈCLE

Lorsque Commode mourut, assassiné à l'instigation de sa maîtresse, Marcia, le dernier jour de l'année 192, un siècle « heureux » prenait fin, non que Rome, pendant les quatre-vingt-seize ans écoulés depuis la mort de Domitien – d'un « tyran » à l'autre –, eût été exempte de maux et n'eût connu que la paix, mais aucun des changements de règne, pendant cette longue période, n'avait entraîné de crise grave, ni mis durablement en péril l'unité de l'Empire.

À la recherche d'un prince

Tout change avec la disparition du fils de Marc Aurèle. Brusquement, de nombreux successeurs apparaissent, moins en raison d'une soudaine prolifération de candidats que par manque d'un critère de choix. Les meurtriers de Commode confient le pouvoir au préfet de la Ville, P. Helvius Pertinax. C'était la solution légale, le préfet devant assurer les tâches de l'empereur en l'absence de celui-ci. Les prétoriens acceptèrent d'abord cette solution, qui eut aussi l'agrément du sénat. Deux des conditions qui avaient, autrefois, suffi à décider de la succession se trouvaient donc remplies. Mais Pertinax était dépourvu du charisme impérial. Il était fils d'affranchi et n'avait aucun lien avec la famille de son prédécesseur. Bientôt il devint évident que les dieux ne lui accordaient pas leur protection. Lors d'un sacrifice, au palais impérial, la victime présenta les présages les plus défavorables possibles : absence de cœur et des lobes supérieurs du foie. Lui-même, d'ailleurs, haïssait le cérémonial de la cour et tous les devoirs impliqués par la condition impériale. Contraste qui ne pouvait manquer d'être vivement ressenti avec les honneurs divins dont s'était entouré Commode, qui se présentait comme un nouvel Hercule. Dédaigneux de toute *aura* divine, et refusant en même temps de permettre aux prétoriens la licence qu'ils avaient connue jusque-là, il fut assassiné le 28 mars, sans doute à l'instigation du préfet du prétoire. Ni les dieux ni les soldats n'avaient voulu de lui comme empereur.

Le pouvoir impérial était vacant. Les prétoriens le mirent aux enchères. Ils avaient déjà proclamé empereur le préfet de la Ville Sulpicianus, beau-père du défunt Pertinax lorsque Julianus, un légat de Commode, se présenta au camp et, les portes étant fermées, s'adressa aux soldats par-dessus le mur. Il leur promit un *donativum* de 25 000 sesterces par homme et s'engagea à honorer la mémoire de Commode. Il l'emporta. Le sénat, sans enthousiasme, ratifia leur décision. Il était déjà trop tard. Trois armées avaient déjà porté à l'Empire chacune son chef, celle de Syrie C. Pescenius Niger, celle de Bretagne D. Clodius Albinus, celle de Pannonie L. Septimius Severus. La situation de 69 se renouvelait. La guerre éclata entre les prétendants. Sévère commença par marcher sur Rome. Ni les sénateurs ni les prétoriens ne pouvaient songer à résister. Ils abandonnèrent Julianus, qui fut tué par un soldat, le 1er juin 193.

Septime Sévère

À ce moment commence le règne de Sévère, qui se présente en vengeur et en successeur de Pertinax. Restait à éliminer Pescennius Niger, qui tenait l'Orient, et à neutraliser Albinus, qui s'installait en Bretagne et en Gaule. Sévère négocia avec Albinus, le nomma son Caesar, c'est-à-dire son second et son successeur, puis il partit en Orient où il finit par briser la résistance de Niger, qui dura plus d'un an. Cette guerre conduisit Sévère jusque chez les Parthes, qui s'étaient montrés favorables à Niger. Une fois réglée cette « usurpation », qui rappelait celle d'Avidius

Cassius sous Marc Aurèle, Sévère revint à Rome, sans doute à la fin de 195 et, sans plus tarder, marcha contre Albinus, qui avait rompu son alliance (peu sincère) avec lui et, prenant le titre d'Auguste, avait occupé les Gaules. La bataille décisive eut lieu près de Lyon. Albinus fut tué (février 197). Sévère régnait seul. Mais il n'avait pas attendu sa victoire définitive pour s'affirmer comme empereur et se donner une légitimité « sacrale ». Lorsqu'il était revenu à Rome après la défaite de Niger, il avait procédé à une adoption « posthume », qui faisait de lui le fils de Marc Aurèle, donc le frère de Commode et le descendant des empereurs qui s'étaient succédé depuis Nerva. Les inscriptions gravées à partir de ce moment comprennent toutes cette encombrante titulature, dont la signification politique est claire. Commode avait été abattu et le sénat avait applaudi à sa mort, refusé de lui accorder les honneurs divins, condamné sa mémoire. Réhabiliter Commode, se présenter comme son frère revenait à humilier le sénat, exalter la divinité de la dynastie, redonner à l'institution impériale cette dimension sacrée qui avait fait défaut aux « usurpateurs ». Commode s'était fait représenter en Hercule. Il avait donné son nom à Rome elle-même, devenue officiellement *Colonia Commodiana*, ce qui faisait de lui, à la mode hellénistique, un héros fondateur.

Quel dieu sur terre ?

Septime Sévère reprit pour lui-même le personnage d'Hercule, mais il s'identifia aussi à Jupiter Capitolin et au *cosmocrator* Sérapis, ce dieu artificiellement créé à l'époque hellénistique et synthétisant la tradition osirienne et la religion de Dionysos*.

Jusqu'à ce moment, les traditions religieuses proprement romaines avaient été assez fortes pour résister à de semblables tentatives, sous Caligula et Néron. Avec l'arrivée de Septime Sévère au pouvoir, ce sont des forces mystiques nouvelles qui s'affirment et l'emportent. L'empereur lui-même est originaire de Leptis Magna, en Tripolitaine et sa famille paternelle est de souche punicolibyenne. Sa famille maternelle est d'origine italienne, mais est installée à Leptis depuis plusieurs générations. Les dieux de sa patrie ne sont pas ceux de Rome mais ceux du monde punique, venus de Syrie. Et c'est en Syrie que, à l'âge de trente-cinq ans, alors qu'il commandait la IXe légion* Scythique, il épousa Julia Domna, fille du grand-prêtre du Soleil, à Émèse, événement de grande conséquence pour l'histoire de l'Empire, puisqu'il entraîna la présence au Palatin de princesses syriennes, Julia Domna elle-même et sa sœur Julia Maesa, chacune d'elles appelée à donner deux empereurs à Rome, Julia Domna les deux fils qu'elle eut de Sévère, Caracalla et Geta, Maesa ses deux petits-fils, Élagabal et Sévère Alexandre. Avec celui-ci, tué lors d'une émeute de soldats, sur le front du Rhin, le 18 mars 235, prit fin la dynastie fictive dont Septime Sévère avait espéré qu'elle prolongerait celle des Antonins et en continuerait le bonheur.

La société nouvelle

Mais il était évident que l'esprit de l'Empire n'était plus le même, que la continuité avec les maximes d'autrefois, que les Antonins s'étaient efforcés de maintenir, était rompue, même si le nom des institutions était inchangé. Le sénat subsistait, mais il sortait bien affaibli de la crise. D'abord en raison de son attitude, hostile à Commode, dont se réclamaient maintenant les Sévères, ensuite parce qu'il ne comptait presque plus de membres de la vieille aristocratie italienne et, de plus en plus, de provinciaux, en particulier des Orientaux qui, si l'on en croit les calculs des modernes, constituaient plus de la moitié de l'assemblée. Un tel sénat ne pouvait guère s'attacher à maintenir les antiques valeurs romaines.

L'ordre équestre continue de fournir les cadres de l'administration, et son rôle s'accroît d'autant plus que les sénateurs sont de moins en moins appelés à jouer un rôle actif. Le nombre des procurateurs augmente dans des proportions considérables – plus de 30 % pendant le règne des Sévères. La tendance n'est pas nouvelle ; elle apparaît déjà sous Commode. Les chevaliers sont les instruments par excellence d'un régime de plus en plus soumis à l'autorité de l'empereur, exercée par l'intermédiaire des bureaux.

La troisième force de l'Empire est l'armée. Elle fit l'objet d'une complète réorganisation sous les Sévères. Le premier d'entre eux commença son règne en supprimant la garde prétorienne traditionnelle, formée de soldats d'origine italienne, et la remplaça par des troupes recrutées dans les provinces*, en Illyrie et en Thrace. L'empereur récompensait ainsi les hommes de l'armée du Danube, qui l'avaient porté au pouvoir, et en même temps se constituait une armée en quelque sorte personnelle, masse de manœuvre disponible pour les guerres futures et précaution contre de possibles soulèvements militaires. En même temps, il se préoccupe d'intégrer davantage les soldats dans la société, en augmentant leur solde et en leur conférant le droit de porter l'anneau d'or, qui les rapprochait de l'ordre équestre, et, privilège particulièrement apprécié, reconnaissance officielle des unions qu'ils pouvaient former pendant le temps de leur service, ce qui leur donnait le droit de vivre en dehors du camp, dans des « cabanes » construites à cet effet, avec leur femme et leurs enfants. Ainsi se développèrent, autour des camps permanents construits le long des frontières, de véritables villages, dont certains formèrent le noyau de villes futures.

Une fois le dernier « usurpateur » éliminé, Septime Sévère, demeuré seul au pouvoir, voulut reprendre, à l'extérieur de l'Empire, la politique des Antonins et assurer les provinces conquises sur les Parthes. L'idée impériale n'est pas morte. Il convient de montrer qu'elle est aussi vivante que jamais. Septime Sévère prit l'offensive, au-delà de l'Euphrate, en direction de la haute vallée du Tigre, puis il se dirigea vers la Babylonie, s'emparant de Ctésiphon, de Séleucie et de Babylone. Le temps de Trajan et de Marc Aurèle semblait revenu. L'empereur créa une province de Babylonie.

Un nouveau siècle

On comprend, dans ces conditions, la célébration en 204 de Jeux* Séculaires, qui devait marquer l'avènement d'un nouvel âge. Les Jeux précédents avaient été célébrés en 88, par Domitien. Si l'on s'en tenait au calcul le plus habituel, ceux de Sévère auraient dû l'être en 198, mais, cette année-là l'empereur était engagé en Asie. C'est seulement après son retour qu'il eut la possibilité de préparer la cérémonie destinée à exalter et son propre règne et l'avenir de sa dynastie. Cela commença, en 202, avec des fêtes qui marquaient la dixième année de son règne : distribution de blé, dix pièces d'or à chaque soldat de la garde ; la dépense totale se monta, dit-on, à 200 millions de sesterces. Vers le même moment eut lieu le mariage de Caracalla, son fils aîné, avec Plautilla, la fille de Plautianus, parent de l'empereur et, à ce moment, préfet du prétoire, au comble de sa faveur. Il y eut des fêtes magnifiques, des Jeux dans l'amphithéâtre, où l'on vit mettre à mort sept cents fauves, venus de toutes les régions du monde. Jamais la domination de Rome sur l'univers n'avait été plus évidente. En 203 Sévère fit élever un monument étrange, appelé *Septizonium* (« les sept cycles »), majestueuse façade placée au pied du Palatin, formée d'une colonnade à sept niches, chacune consacrée à l'une des sept planètes. Au centre trônait la statue de l'empereur.

Depuis son adolescence, Septime Sévère avait été un adepte fervent de l'astrologie. Un astrologue, en Afrique, lui avait prédit son destin impérial et l'on dit qu'en Syrie il épousa Julia Domna parce qu'il était dans le destin de celle-ci de parvenir à la royauté. Le *Septizonium* proclame sa foi. Empereur de Rome, il l'était par la volonté du Destin, qui régit les corps célestes. Le mouvement des astres le désignait comme *cosmocrator*, avec plus de vérité encore que ne l'avaient été ses prédécesseurs. Les Jeux de 204 proclameraient que le maître du monde, ainsi désigné, serait à l'origine d'une période heureuse pour l'univers entier, et destinée à durer. Du mariage de Plautilla et de Caracalla on attendait un enfant, qui devait bientôt naître. En un temps où l'on se plaisait à relire

Virgile, cette coïncidence ne pouvait manquer d'apparaître comme un signe et une promesse.

Septime Sévère, appelé à l'Empire par une sédition militaire, s'était progressivement assuré deux des conditions qui, au début du principat, faisaient les empereurs, la volonté des dieux après celle des soldats. Il n'y manquait que l'acquiescement d'un sénat indépendant. Mais une telle assemblée appartenait alors au passé. Et, après ces débuts prometteurs, la dynastie des Sévères, peut-être en grande partie parce qu'elle n'avait pas pour elle l'*auctoritas** des Pères, ne devait pas réaliser les espoirs que l'on mettait en elle, au début de ce nouveau siècle, l'un des moins heureux et des moins glorieux dans l'histoire de l'Empire.

Défendre l'Empire

Pourtant, Septime Sévère ne ménagea pas sa peine. Comme l'avait fait Hadrien et, dans une moindre mesure, Marc Aurèle, il s'imposa de voyager à travers tout l'Empire. On le vit non seulement en Asie, à plusieurs reprises, en Égypte, en Afrique, qu'il visita en 203 avant de revenir à Rome pour les Jeux Séculaires, mais aussi dans les provinces danubiennes et enfin en Bretagne, où l'usurpation de Clodius Albinus avait affaibli la présence romaine. Les Calédoniens avaient débordé le *limes**. Septime Sévère les refoula, et il avait projeté de poursuivre l'offensive lorsqu'il mourut, de maladie, dans le camp d'Éburacum (York), le 9 février 211.

Dion Cassius, qui fut l'un des témoins de sa vie, a rapporté bon nombre de ses paroles, qui nous renseignent sur sa pensée profonde. Ainsi, cette recommandation à ses enfants (Caracalla et Geta) : « Entendez-vous, enrichissez les soldats et méprisez tous les autres », aveu impliquant que le fondement de l'Empire n'est plus l'assentiment des citoyens autour d'un guide mais la force des armes. En même temps, un autre mot de lui prouve qu'il n'avait pas renoncé aux ambitions cosmiques de ce même Empire. Regardant, peu avant sa mort, l'urne qui devait contenir ses cendres, il dit : « Tu contiendras un homme que la terre entière ne put contenir. »

Caracalla

Très vite l'exercice du pouvoir donna lieu à de sanglantes querelles et des intrigues de cour, dans lesquelles non seulement l'intérêt de l'État fut sacrifié aux ambitions des uns et des autres, mais l'esprit même de la romanité fut profondément ébranlé.

Une antique maxime voulait que le pouvoir ne puisse se partager. Or, Caracalla et Geta, par la volonté de leur père, devaient régner ensemble. Un peu plus de douze mois après leur avènement commun, Caracalla tuait son frère (de sa propre main, dit-on), en présence de leur mère Julia Domna. Celle-ci, apparemment, ne tint pas rigueur à son fils de ce crime puisque, au cours des années suivantes, elle collabora avec lui et participa personnellement à l'administration de l'Empire.

Pendant les six années de son règne, Caracalla poursuivit la politique désormais traditionnelle : prolifération des instances administratives, les « bureaux » du prince, largesses aux soldats, mais aussi défense des frontières et inspection des provinces. Une initiative, toutefois, à laquelle les historiens modernes attachent une grande importance, la *Constitutio Antoniniana*, par laquelle l'empereur, sans doute dès 212, accordait la citoyenneté romaine à tous les hommes libres vivant dans l'Empire. La portée exacte de cette mesure reste aussi incertaine que l'intention qui l'a dictée. S'agit-il d'une mesure fiscale ? Cela semble peu probable. Ou d'une simplification administrative ? Ou, comme le suggère un fragment du papyrus concernant la *Constitutio*, pour accroître le nombre de fidèles qui, en leur nouvelle qualité de citoyens, honoreraient les dieux traditionnels de Rome ? Mais nous savons maintenant que la même Constitution garantissait aux nouveaux citoyens leur statut juridique particulier, celui qui avait été jusque-là le leur dans le cadre de l'Empire. On peut presque parler de « double nationalité ». Pourquoi cet acte étrange ?

Cette idée, que les habitants de la terre entière puissent n'appartenir qu'à une seule patrie, n'est pas nouvelle alors. Elle est sous-jacente au stoïcisme, mais nous la retrouvons, comme un vœu formulé par un écrivain grec familier du « cercle » de Julia Domna, Philostrate, dans sa *Vie d'Apollonios de Tyane* (VI, 2). Elle dut être présente à bien des esprits en ce temps où se multiplient et se répandent des pratiques religieuses et des croyances de toutes sortes autour de la Méditerranée. De même que toutes les divinités sont « valables » pour tous les humains, qu'elles ont des adorateurs à Rome, en Afrique, en Asie, qu'il s'agisse de Cybèle, d'Isis* ou de divinités plus étranges encore, de même il devient non seulement concevable mais souhaitable que tous les humains soient soumis aux mêmes lois et ne forment qu'une seule cité. S'il en est bien ainsi, ce serait, paradoxalement, à travers le foisonnement des croyances et des rites que se serait dégagée l'idée de l'unité, non plus théorique, mais effective du monde. Celle du monde divin d'abord, sous-jacente à la multiplicité de ses formes, et, à partir de là, celle de tous les mortels.

Un passage de l'*Histoire Auguste* semble bien confirmer une telle hypothèse. Il nous apprend que Sévère Alexandre, cousin de Caracalla et empereur de 222 à 235, avait placé dans sa chapelle particulière, à la suite des empereurs divinisés, les images du Christ, d'Abraham, d'Orphée et autres « âmes divines » (*Vie d'Alex.*, XXIX, 2) et que, chaque matin il leur offrait un sacrifice. Le besoin de rendre sensible l'unité spirituelle de l'Empire, de son passé comme de son présent, apparaît ici clairement. Le principe affirmé par la Constitution de Caracalla trouvait son illustration dans le laraire* d'un prince que l'on nous dépeint comme un « bon empereur », juste et cultivé, et qui avait comme lectures favorites la *République* de Platon, celle de Cicéron et, de celui-ci encore, le traité *Des devoirs*. Alexandre Sévère, qui régna de 222 à 235, éprouva sans doute le besoin de remettre un peu d'ordre dans les croyances et les pratiques de la religion. Il succédait en effet à son cousin Élagabal (empereur de 218 à 222), prêtre héréditaire d'un dieu d'Émèse, appelé Ilaha Gabal, le Baal de la montagne, qui, devenu empereur, n'avait pas voulu renoncer à son sacerdoce. C'est sous le nom d'Héliogabal, qu'un jeu de mots grec avait transformé en Soleil de la Montagne, que régna l'avant-dernier des Sévères. Néron, il est vrai, s'était, lui aussi, présenté comme un dieu solaire, mais de manière allusive. Entre Élagabal et son dieu l'identification est totale et, autour de sa personne divine, il entreprit de rassembler les plus anciens et les plus vénérables parmi les cultes romains. Du moins il le tenta, mais sans convaincre et ses extravagances, un moment supportées par les Romains, finirent par provoquer (ou justifier ?) une révolte des prétoriens, qui le tuèrent au mois de mars 222. Son cousin Alexandre Sévère lui succéda aussitôt, le sénat, nous dit-on, se hâtant d'accumuler sur sa tête tous les pouvoirs d'un empereur, heureux d'en avoir fini avec les excentricités de son prédécesseur.

On conçoit aisément que, au cours de cette période où le sens du divin prend mille formes, le nouvel empereur ait voulu se rattacher aux « grandes » âmes les plus authentiques du passé. Les images de son laraire lui en donnaient le moyen. Comment retrouver autrement cette unité spirituelle de l'Empire, dont on sentait bien que dépendait sa cohésion ? Mais il ne suffisait pas de diviniser à la fois Abraham et le Christ et de les ajouter au panthéon traditionnel pour que se trouvent résolus les grands problèmes religieux qui, depuis deux siècles environ, mettaient le trouble un peu partout dans l'Empire. Une religion, au moins, se refusait à s'aligner sur les autres, celle des chrétiens.

Le problème du christianisme

Cela avait commencé au temps de Néron, lorsqu'une secte nouvellement apparue, les sectateurs « d'un certain Chrestos », avait été accusée d'avoir provoqué le grand incendie de 64. Pour les châtier, l'empereur les avait fait brûler vifs dans ses jardins du Vatican. Ils étaient morts victimes, semble-t-il, de leurs différends avec des Juifs orthodoxes, dont il y avait une colonie prospère dans la Ville. Puis des communautés chrétiennes avaient essaimé un peu partout dans l'Empire, en Orient d'abord, se dégageant peu à peu du judaïsme et se donnant leur propre orthodoxie. Il y eut une Église chrétienne à Jérusalem, une autre à Antioche, une autre encore à Damas. L'Église de Rome semble dater du règne de Claude. Puis, un peu plus tard, et alors que Claude expulsait les Juifs de Rome, Paul fondait les Églises de Philippes, de Thessalonique et de Corinthe. Mais la doctrine qu'il prêche est de plus en plus suspecte aux autorités romaines. N'annonce-t-il pas que la fin des temps est proche, que l'Empire va s'écrouler, ainsi que le reste du monde ? Paul, fait prisonnier, est exécuté à Rome même, sans doute en 67, tandis que la guerre, en Judée, est sur le point d'éclater. Mais le christianisme est maintenant bien distinct de ses origines juives. La longue lutte entre les chrétiens et le pouvoir ne fait que commencer.

Le christianisme en accusation

Les non-Juifs se montrent volontiers accueillants à la prédication chrétienne. Il y a tant de prophètes et de thaumaturges qui vont de ville en ville ! Ainsi, lorsque Paul et son compagnon Barnabé, à Lystres, en Asie Mineure, accomplissent un miracle, en rendant à un infirme la faculté de marcher, la foule croit voir en eux une incarnation de Zeus et d'Hermès et l'on est sur le point de sacrifier un bœuf en leur honneur. Le peuple, en cette même Asie, ne s'était pas comporté autrement à l'égard d'Apollonios de Tyane. Il y avait toujours place, dans le paganisme de ce temps, pour de nouvelles formes de culte. Mais c'est là ce que les chrétiens ne peuvent accepter. Leur vérité est unique. Christ n'est pas un dieu comme les autres. Leur intransigeance sur ce point sera l'une des causes des persécutions dont ils vont être victimes. Groupés dans des communautés plus homogènes et secrètes (n'importe qui n'y était pas admis d'emblée) que celles qui rassemblaient les fidèles des autres religions, ils donnent prise à la calomnie. Dès le temps des Antonins on les accuse de se réunir la nuit pour des repas au cours desquels ils sacrifient des enfants, qu'ils mangent ensuite.

Cela, sans doute, parce que, refusant les rites traditionnels du paganisme, ils s'abstiennent avec une horreur ostensible de consommer la chair des victimes sacrifiées, alors qu'entre eux ils se livrent à des repas rituels. Toutes ces calomnies font que l'appartenance à la secte est considérée à elle seule comme un crime, tout au moins une présomption de crime. Les suspects sont traduits devant le tribunal du gouverneur, dans les provinces*, à Rome devant le préfet de la Ville. Ils doivent prouver qu'ils ne sont pas chrétiens, par exemple en acceptant de sacrifier à des images, celles des divinités païennes. S'ils persistent dans leur foi, ils sont exécutés. Telle est la loi, au moins depuis Trajan. Fronton, le maître de Marc Aurèle, rassemble dans un pamphlet tous les griefs communément reprochés aux chrétiens. Le texte en est perdu. Nous ne le connaissons qu'indirectement, à travers sa réfutation, l'*Apologie* de Justin. Apparemment il persuada Marc Aurèle puisque la loi fut appliquée, à Rome, puis à Lyon, en 177. L'empereur note seulement, dans ses *Pensées*, l'obstination des chrétiens, refusant d'abjurer, même devant la mort.

Le montanisme

Mais la doctrine commence à être mieux connue. Il ne s'agit plus de calomnies mais de la prédication même. Le Phrygien Montan reprend, à la fin du règne de Marc Aurèle, des thèmes un peu oubliés depuis un siècle : il annonce que la fin du monde est proche, qu'il convient de s'y préparer par une continence absolue, ce qui stérilise les mariages – précepte particulièrement scandaleux en un temps où le pouvoir se préoccupe avant tout d'assurer la continuité de Rome. Il est remarquable que les chrétiens aient été persécutés sous Domitien, au moment où réapparaissait une littérature apocalyptique et où, en même temps, l'empereur faisait célébrer les Jeux* Séculaires de 88. C'est dans un contexte analogue que Septime Sévère, en 202, promulgua un édit interdisant tout prosélytisme aux chrétiens, et cela, deux ans avant les Jeux de 204.

Mais le courant montaniste n'est pas suivi par toutes les

Églises. À Rome même, où les évêques, dans une communauté chrétienne grandissante, doivent assumer des tâches administratives, une entente tacite semble s'être établie entre le christianisme et le pouvoir. Des persécutions se produisent encore, cependant, au cours du IIIe siècle, accompagnant les vicissitudes du pouvoir impérial constamment ébranlé au temps de Decius et de Valérien, mais il est évident aussi que le christianisme constitue dès ce moment une entité juridique à laquelle est reconnu le droit de propriété, et qui est tolérée dans l'Empire. Avec les édits de Gallien (seul empereur de 260 à 268), pris en un temps où les menaces viennent de partout, la tolérance envers les chrétiens apparaît comme une nécessité politique et elle devient la règle. Les impératifs militaires l'emportent, pour le moment, sur toute autre considération, mais cette première paix de l'Église ne dura pas.

La persécution de Dioclétien

Moins de quarante ans plus tard une nouvelle persécution devait éclater lorsque Dioclétien entreprit de reconstruire l'Empire selon une structure nouvelle en se donnant un collègue, qui reçut le titre d'Auguste, mais en se donnant à lui-même l'épithète de Jovius qui le rattachait à Jupiter, et à son collègue Maximien celle d'Herculius. Cette tentative pour rendre à l'institution impériale dans le cadre du paganisme sa dimension religieuse – fort estompée, depuis la fin des Sévères au cours des usurpations militaires qui s'étaient succédé pendant la plus grande partie du siècle – fit réapparaître les vieux arguments contre les chrétiens. N'est-ce pas leur refus obstiné de participer au culte des dieux qui est la cause de tous les maux ? Si l'on veut que l'Empire retrouve sa vigueur, il faut exterminer ces infidèles. En conséquence, par ordre de l'empereur, leurs vases sacrés sont confisqués, leurs lieux de culte détruits, les membres de leur clergé emprisonnés.

En fait Dioclétien revenait à une mythologie de la royauté déjà exposée, au temps de Trajan, par Dion de Pruse, dans son discours sur la monarchie. Il retrouvait en même temps la symbolique de Commode, qui aimait à s'identifier à Hercule et, surtout, la vieille foi en la toute-puissance de Jupiter, source et garant de l'*imperium*. Mais cette restauration de la religion impériale, fondée sur la théologie païenne, ne pouvait plus être durable. Il était trop tard. La religion chrétienne pesait déjà d'un trop grand poids dans l'Empire. L'un des deux Césars de la tétrarchie, l'herculien Galère, renie la politique de Dioclétien et publie six jours avant sa mort, en 311, un édit de tolérance. Ce qui revenait à reconnaître le pouvoir du dieu des chrétiens. Cette décision est connue sous le nom d'édit de Milan. Elle entraîna de grandes conséquences. Le pouvoir ne persécute plus les chrétiens, il les favorise, les aide. Constantin, dont nous verrons le rôle en cette circonstance, est véritablement chrétien, même s'il ne fut baptisé qu'à son lit de mort. Loin d'apparaître comme une force mortelle dans l'Empire, le christianisme est un élément de cohésion, un facteur d'unité, en Occident comme il le fut en Orient. La tentative désespérée de Julien, de 361 à 363, pour rétablir le paganisme (tel qu'il le concevait) comme religion d'État montre bien que ce paganisme, même éclairé par la philosophie, avait perdu toute efficace politique. Il semble bien qu'en donnant au culte impérial la garantie que pouvait lui apporter leur dieu, unique et transcendant, les chrétiens aient contribué à assurer la durée d'un régime dont ils avaient été si souvent les victimes.

Effondrement du système romain

Entre la fin des Sévères et l'avènement de Dioclétien, s'étend une période très sombre de l'Empire romain : menaces à l'extérieur, attaques de différents peuples barbares sur toutes les frontières, usurpations incessantes de la part des chefs d'armée, effacement de Rome, comme centre du pouvoir, destruction effective, sinon toujours voulue, de la hiérarchie sociale, le sénat, par exemple, finissant par ne plus jouer aucun rôle dans l'État. C'est tout le système ancien qui s'effondre, la vieille « hiérarchie de bienfaits », que nous avons tenté de définir, génératrice de paix et de sécurité. Le plus urgent avait été, dès la fin des Antonins, de faire face aux Barbares, et il n'est pas étonnant que les armées, et surtout leurs cadres et leurs chefs, aient pris une aussi grande importance dans la vie de l'Empire. À la disparition d'un empereur, et en l'absence de tout système successoral, les ambitions se déclarent. Ceux qui possèdent la force, c'est-à-dire les gouverneurs de provinces « armées », se font proclamer *imperatores.* Cela s'était déjà vu, mais tout avait jusque-là fini par se régler à Rome, sous le regard de Jupiter. Maintenant, l'homme à qui la Fortune destine le pouvoir s'empare de Rome comme d'une ville conquise, si, du moins, il lui est donné de parvenir jusque-là. Septime Sévère est un Africain, né en Cyrénaïque ; il apporte avec lui tout un cortège d'Africains, qui n'ont rien en commun avec l'antique noblesse de la Ville. Et ces empereurs « venus d'ailleurs » ne se soucient pas de maintenir les privilèges des hommes qui descendaient des conquérants d'autrefois. Peut-être l'une des significations de la *Constitutio Antoniniana* est-elle l'effacement voulu de toute différence entre ce qui reste du « peuple romain » et les autres.

Il n'en fallait pas moins doter l'ensemble de l'Empire d'une administration efficace. Les magistratures qui appartenaient autrefois à l'ordre sénatorial perdent de leur importance. Elles ne font plus guère figure que d'appendice au cursus équestre. Celui-ci fournit la plupart des gouverneurs de province. Ces « procurateurs » ne sont, juridiquement, que les « gens » de l'empereur, et celui-ci s'élève au-dessus de tous les humains, qui le saluent du titre de *dominus.* Ce qui n'implique pas, toutefois, qu'ils se considèrent comme ses esclaves. Il y a longtemps que le mot est passé dans l'usage et ne signifie guère plus que « Monsieur ». Il n'en marque pas moins une certaine distance sociale, réelle ou supposée (par courtoisie). L'usage, si l'on en croit Suétone, en aurait été introduit par Domitien lui-même, qui se serait qualifié, dans une proclamation officielle, de « *deus et dominus* », dieu et maître, mais il est bien évident que l'accent était mis alors sur le premier terme !

En fait, le pouvoir, à partir de Septime Sévère, repose sur l'armée, qui est entièrement réorganisée. C'est dans ce domaine que s'affirme le pouvoir absolu de l'*imperator*. Une imposante masse de manœuvre est concentrée en Italie ; la garde prétorienne est modifiée ; elle est désormais composée de légionnaires aguerris, au lieu de recrues venues d'Italie, d'Espagne, de Macédoine et du Norique, comme par le passé. Une légion* entière est désormais cantonnée à Albano, en Latium. En même temps les forteresses du *limes**, le long des frontières, sont renforcées, sur tous les points où les provinces occidentales pouvaient être attaquées. On passe d'une défense active, fondée sur des contre-attaques, à une stratégie passive. Les provinces occidentales, au moins, ressemblent à une ville assiégée. Les vétérans ayant accompli leur temps de service sont installés sur des terres qu'on leur donne le long des frontières. Ils forment un corps de première intervention, mais aussi proposent un exemple de vie à la romaine.

En face des Barbares une politique longtemps suivie par Rome consistait à amener progressivement les « insoumis » à vouloir imiter les mœurs dont les habitants de l'Empire leur offraient l'exemple. Il arrivait que l'on parvînt ainsi à une sorte d'assimilation, qui, à la longue, permettait l'intégration dans le système romain. Dans l'attente de ce moment, les Romains permettaient aux populations encore « barbares » de conserver leur genre de vie traditionnel, tout en étant admis dans l'Empire. Il en alla ainsi en Afrique lorsque fut promulguée la *Constitutio Antoniniana*. En d'autres endroits, des groupes entiers de Barbares recevaient l'autorisation de s'établir en deçà de la frontière, au voisinage de populations totalement romanisées. Ce qui n'avait pas toujours d'heureux résultats. Les Germains, en particulier, s'y montraient rebelles et préféraient le pillage à l'intégration culturelle.

Arrivée des Sassanides

En Orient, l'ennemi traditionnel change. Les Parthes arsacides sont remplacés par les Sassanides, maîtres du pays sous Alexandre Sévère. Le vieil empire, à demi hellénisé, avec lequel avait fini par s'établir un état de respect mutuel, est remplacé par un autre, qui menace non seulement les Romains mais tous les peuples établis en Asie Mineure et, selon l'expression de Dion Cassius, l'ensemble de l'humanité, car ils étaient animés par une foi fanatique, la religion de Zoroastre, fort peu compatible avec les idéaux grecs et romains inséparables de l'Empire. Pour la première fois une religion du Livre, ailleurs qu'en Judée, entrait en contact avec le paganisme traditionnel. Bientôt viendrait le christianisme d'État, seul capable de réaliser l'unité spirituelle de l'Empire en face d'une religion agressive, en se référant, lui aussi, à une Révélation, mais en conservant l'essentiel de la pensée philosophique, élaborée au cours des quelque dix siècles précédents.

Le dernier des Sévères, Alexandre, avait entrepris de répondre par l'offensive à la menace perse et, à la suite d'une campagne victorieuse, réussi à conserver les provinces d'Orient lorsque parvint la nouvelle de plusieurs attaques contre les frontières de Germanie et de Rhétie. Il installa son quartier général à Mayence. Le bruit courut qu'il avait engagé des négociations avec les Barbares. Sur quoi les soldats, mécontents, choisissent pour chef un soldat thrace nommé Maximin, autrefois berger dans les montagnes de sa patrie, et massacrent l'empereur et sa mère, qui l'accompagnait dans toutes ses expéditions (18 mars 235).

Maximin le Thrace

Une fois de plus des soldats imposaient un empereur, mais il n'était plus question de faire entériner leur décision par le sénat de Rome, qui n'en avait plus le pouvoir. C'est de Carthage que vint la riposte. Le gouverneur de la province d'Afrique, Gordien, un homme âgé, fut proclamé empereur (mai 238). Il en résulta un conflit avec l'armée d'Afrique hostile à cet empereur « civil » : une bataille s'engagea, qui mit fin au règne de Gordien, après environ trois semaines de règne (juin 238). Les sénateurs de leur côté essayèrent de susciter des rivaux à Maximin, qui tenta de pénétrer en Italie avec son armée. Son échec devant Aquilée provoqua une mutinerie et son assassinat (juillet 238).

Profitant de cet état d'anarchie, les ennemis de l'extérieur attaquaient dans tous les secteurs, en Mésopotamie et sur le Danube. À ce moment-là l'empereur, imposé par les prétoriens, était Gordien III, petit-fils du Gordien qui avait été empereur pendant si peu de temps. Après quelques succès en Syrie et en Mésopotamie, Gordien III fut victime d'une mutinerie militaire et remplacé par le préfet du prétoire, Philippe, d'origine arabe. Son règne dura un peu plus de cinq ans (mars 244-sept. 249). Mais, un peu partout, surgissaient de nouveaux prétendants. Après Philippe vint Dèce (Decius), qui régna environ dix-huit mois. Il périt au cours d'une campagne contre les Goths. Les empereurs se succèdent alors, chaque armée se donnant le sien. Une sorte de stabilité ne fut retrouvée qu'avec le règne de Valérien (sept. 253-juin 260), associé à Gallien, qui devait conserver le pouvoir jusqu'en 268.

Valérien

Cette très relative stabilité était particulièrement bienvenue, car les attaques se multipliaient et, plus grave encore, on assiste à des tentatives pour démanteler l'Empire, l'ennemi se révélant à l'intérieur de celui-ci. Il y eut ainsi une longue insurrection en Numidie. Puis en Orient les Perses reprennent l'offensive. Leur roi, Sapor, remporte des succès en Syrie et s'empare d'Antioche, que Valérien réussit à reprendre mais pour peu de temps. Battu près d'Édesse, au cours de sa contre-offensive, il est fait prisonnier. Il ne devait plus revoir Rome. Gallien restait seul empereur, mais il lui était impossible d'intervenir en Orient. Plusieurs nations germaniques, en ce même moment, pénétraient en Occident. Gallien fut assez heureux pour arrêter les Francs et les Alamans, mais près de Milan ! Puis, alors qu'il devait repartir pour l'Orient, il confia les frontières occidentales au commandant des armées, Postumus, sous l'autorité toute théorique de son propre fils, qu'il avait fait César. Mais les soldats massacrèrent le jeune César et Postumus fut proclamé empereur.

L'Empire des Gaules

Ainsi naquit un « empire des Gaules » comprenant non seulement les provinces gauloises mais les deux Germanies (le long du Rhin), l'Espagne et la Bretagne. Il y avait, en fait, deux empires, l'un en Occident, l'autre en Orient. Gallien n'était plus reconnu qu'en Italie et en Afrique ainsi qu'en Égypte.

Le royaume de Palmyre

En Asie, un début de morcellement était apparu avec le royaume autonome qu'avait créé pour lui-même un prince indigène de Palmyre, nommé Odénath. Celui-ci ne tarda pas à être assassiné par l'un de ses parents, mais son royaume subsista, gouverné en théorie par son fils, en fait par sa veuve, Zénobie. Ainsi naquit le royaume de Palmyre, qui ne devait durer que quelques années, de 261 à 271.

Cependant, une troisième menace se dessinait, celle des Goths et des Hérules, qui avaient forcé le *limes** du Danube et se livraient à des attaques ponctuelles contre des villes grecques d'Asie et d'Europe dont ils convoitaient les richesses. Ainsi Éphèse, Thessalonique, Athènes. On en était revenu à la situation que le monde grec avait connue lorsque les Galates pillaient Delphes et s'installaient dans la région de Pergame. Mais il y avait plus de sept siècles que cela s'était produit !

Gallien tentait de défendre la ligne du Danube lorsqu'il dut faire face à un usurpateur, l'un de ses légats, et, au cours de la guerre, il fut assassiné par l'un de ses officiers, qui le transperça de sa main.

Le successeur de Gallien, un de ses officiers nommé Claudius (Claude le Gothique, ou le Goth), eut la bonne fortune de contenir, dans la vallée du Danube, une invasion des Goths revenus en masse, mais l'année suivante, au début de 270, il mourut de la peste.

Aurélien

L'armée du Danube imposa comme empereur son commandant, Aurélien, qui entreprit de rétablir l'unité de l'Empire. Il y parvint. Il endigua les invasions venues du nord, non sans de grandes difficultés. Certaines d'entre elles atteignirent Fano (sur l'Adriatique, point terminal de la Via Aemilia) et Pavie. Il fut nécessaire d'évacuer les provinces situées sur la rive gauche du Danube, acquit des Antonins, bases de départ pour de futures conquêtes. L'Empire, maintenant, était sur la défensive. Il s'agissait aussi de le reconstituer. Aurélien attaqua d'abord le royaume de Palmyre, mit le siège devant la ville et s'empara de Zénobie, dont la diplomatie était en train de détacher de Rome plusieurs régions d'Asie et lui avait gagné des sympathies actives en Égypte. Ainsi finit la tentative de sécession en Orient. L'Empire des Gaules n'offrit pas davantage de résistance. Postumus avait été tué dès avant l'avènement d'Aurélien. Une tentative pour le remplacer par le gouverneur d'Aquitaine, Tetricus, se révéla vaine. Tetricus s'entendit secrètement avec Aurélien et, presque sans combat, l'Empire des Gaules s'effondra. Aussi l'empereur put-il, en 273 ou 274, célébrer un triomphe d'une magnificence exceptionnelle. Et cela, naturellement, dans Rome même, dont le prestige demeure, alors que depuis longtemps la Ville n'était plus le centre du pouvoir. Zénobie y figurait ainsi que des représentants de peuples venus de tous les horizons, de l'Arabie, du Caucase, de Perse, de Germanie, d'Égypte. À côté de ces prisonniers humains l'on voyait des animaux sauvages, des éléphants, des cerfs, des tigres, des girafes, des élans, symbolisant la toute-puissance de l'empereur sur l'univers. Le vieux mythe n'est pas oublié. Pourtant, si les inscriptions qualifiaient Aurélien de *restitutor orbis*, restaurateur de l'Univers, il n'en fut pas moins nécessaire d'entourer la Ville d'une solide enceinte fortifiée (encore existante), comme précaution contre d'éventuels coups de main des Barbares. Et dans les provinces on fit souvent de même.

Dans le même temps l'empereur faisait édifier à Rome

même, à l'est du Champ-de-Mars, un grand temple au Soleil. Son intention était certainement de magnifier la religion impériale, de présenter l'empereur comme un Soleil vivant. Ce qui n'était pas une nouveauté, mais un thème récurrent, nous l'avons dit. Récemment encore Gallien avait projeté de faire exécuter une statue qui le représenterait comme le Soleil personnifié et qui serait placée au sommet de l'Esquilin. L'œuvre ne put être exécutée avant la mort de l'empereur. Mais cette persistance du thème montre bien que l'énergie de Rome n'est pas brisée, que l'espoir persiste au fond des cœurs de poursuivre la mission léguée par les ancêtres.

Le maître du monde préparait de nouvelles conquêtes lorsque, en 275, il fut assassiné, à l'instigation d'un de ses affranchis. Il y eut une brève tentative des sénateurs pour désigner un nouvel empereur, un vieillard appelé Tacitus, qui se rendit aussitôt en Asie Mineure, mais il fut assassiné par les soldats au bout de quelques jours. Le scénario désormais traditionnel fut repris. Le commandant des troupes de Syrie, Probus, fut proclamé empereur. Il réussit à se maintenir pendant six ans, de 276 à 282. Les problèmes habituels se posaient à lui. Malgré la poussée constante, et accrue, des Barbares en Occident, il commença à organiser une expédition contre les Perses. Il n'eut pas le temps de déclencher l'attaque. Ses soldats le tuèrent à Sirmium, qui devait être la base de départ, et choisirent comme empereur le préfet du prétoire Carus (en octobre 282). Celui-ci se mit en devoir d'exécuter le plan de son prédécesseur. Il réussit dans cette entreprise et pénétra jusqu'à Ctésiphon, sur le Tigre, l'un des points les plus orientaux atteints par les Romains. Mais il mourut à la fin de 283. Carus avait donné à ses deux fils, Carinus et Numerianus, le titre d'Auguste. Numerianus l'avait suivi en Orient. Tandis qu'il ramenait l'armée en Occident, il fut tué par son préfet du prétoire. Le commandant de la garde, Diocletianus (Dioclétien), le vengea et se proclama empereur. L'autre fils de Carus, Carinus, n'accepta pas de partager le pouvoir avec lui. Leurs deux armées s'affrontèrent dans la basse vallée du Danube. Dioclétien l'emporta. Il était désormais seul empereur (début de 285).

CHAPITRE VII

LA FIN DE L'EMPIRE

Ce qui devait être la dernière période de l'Empire, avant son partage entre deux maîtres, puis la disparition de l'une de ces deux moitiés, commença par une apparente renaissance, le rétablissement de sa puissance militaire et une réorganisation administrative tenant compte des réalités, devenues bien différentes de celles qui prévalaient au temps de sa fondation, il y avait plus de trois siècles. Cette renaissance fut l'œuvre d'un soldat originaire de Dalmatie, venu de cette région qui avait, au cours du siècle précédent, fourni plusieurs empereurs. Il n'appartenait à aucune aristocratie. Il ne dut sa fortune qu'à lui-même.

La tétrarchie

Dès son accession à l'Empire, dans les conditions que nous avons dites, le 20 novembre 284, Dioclétien tira les leçons des événements qui s'étaient déroulés depuis la mort d'Alexandre Sévère. D'abord la nécessité d'organiser une défense active des frontières, à la fois en Asie et sur le Rhin et le Danube, c'est-à-dire face aux « barbares » (les peuples rebelles au mode de vie et à la culture des Romains). Mais, en même temps, et d'une manière contradictoire, éviter de donner trop de puissance et trop d'autonomie aux commandants des armées chargées de cette mission, resserrer les liens avec un pouvoir central qui ne serait plus tiraillé entre plusieurs fronts.

L'expérience des siècles passés suggérait une solution : partager le pouvoir entre deux titulaires, comme, autrefois, l'avaient fait certains empereurs (par exemple Marc Aurèle avec Lucius Verus) et comme, dans un lointain passé, existaient deux consuls. Deux empereurs ainsi créés ne seraient point des rivaux, mais des collaborateurs. Il suffirait d'établir, comme cela s'était passé autrefois, que l'un d'eux serait subordonné à l'autre, qu'il serait le « César » et comme le fils de l'Auguste, dans le même rapport que le héros Hercule au dieu Jupiter.

La situation en Occident rendait indispensable l'application immédiate de ce principe. En Gaule, des brigands, les Bagaudes, pillaient les campagnes et, à la frontière, les Germains violaient impunément le territoire romain. Dioclétien désigna, pour être son César, un officier d'origine pannonienne, nommé Maximien, et lui confia la mission de rétablir l'ordre et la paix en Occident. Le succès fut total. Dioclétien remercia son César en lui conférant, dès ce moment, le titre d'Auguste. Puis il le chargea de réduire la rébellion de Carausius qui, ayant reçu la mission de protéger les côtes de la Gaule contre les pirates venus du nord, s'était, de lui-même, proclamé empereur, et avait occupé la Bretagne. Cette rébellion ne fut vaincue qu'en 296. Elle dura plus de dix ans, et l'alerte fut telle que Dioclétien adjoignit à Maximien un autre César, nommé Constance (surnommé plus tard Chlore, le Pâle). Ce qui revenait à reconnaître que désormais l'Occident serait confié à l'Auguste Maximien, tandis que lui-même, Dioclétien, se chargerait des affaires d'Orient. Pour le seconder, il se désigna un César, un soldat d'origine dace, nommé Galère. Désormais (en 293), il y avait deux Augustes et deux Césars. Ce système prit le nom de tétrarchie (gouvernement à quatre). À ce prix, l'unité de l'Empire était sauvegardée. C'était un résultat que l'on aurait pu à peine espérer dix ans plus tôt.

Les interventions, concertées, des Augustes et des Césars permirent une série de succès, non seulement en Bretagne, comme nous l'avons dit, mais en Gaule où les Germains infiltrés, des Alamans, des Francs, des Burgondes furent défaits en deux ou trois batailles. Il en alla de même pour les peuples installés sur la rive gauche du Danube, les Iazyges, vieux ennemis de Rome et les Carpes. Des rébellions survenues en Afrique furent réprimées par Maximien. C'est à Dioclétien lui-même qu'il appartint de pacifier la Syrie, attaquée périodiquement par les populations du désert, de réduire une usurpation en Égypte – mais il fallut assiéger Alexandrie –, de pacifier les territoires du sud. Galère, lui, intervint dans la haute vallée du Tigre. Après tant de victoires, qui conservaient l'Empire dans ses limites atteintes sous les Antonins et les Sévères, Dioclétien décida de célébrer ses vingt ans de règne. Ces *vicennalia* eurent lieu le 20 novembre 303, à Rome même, alors que les deux Augustes et les deux Césars avaient respectivement pour « capitale », ou plutôt comme quartier général, Dioclétien Nicomédie sur le Bosphore, Galère Sirmium dans la basse vallée du Danube, Maximien Milan, Constance Trèves sur la Moselle, au contact des pays germaniques. On célébra un triomphe sur les Perses, il y eut des Jeux*, des banquets ; des inscriptions honorifiques furent placées sur le vieux Forum. C'est à Rome aussi que Dioclétien faisait élever des thermes monumentaux, que l'on voit encore sur le plateau de l'Esquilin. L'antique fiction d'un Empire romain n'est pas abandonnée.

Dioclétien ne se borna pas à défendre et pacifier l'Empire, il entreprit aussi une réforme administrative. Il réduisit la taille des provinces* et accrut leur nombre, allant presque jusqu'à le doubler. Il créa un échelon intermédiaire entre la province et l'empereur, le diocèse, groupant plusieurs provinces. Cette fragmentation avait plusieurs avantages. Elle réduisait l'importance des gouverneurs, tout en rapprochant la justice des justiciables, rendait plus facile la surveillance des administrateurs, à tous les échelons, grâce à un corps d'inspecteurs ou, si l'on préfère, de policiers, les *agentes in rebus*, remplaçant les affranchis du prince qui, autrefois, étaient chargés de cet espionnage.

En même temps c'est l'ensemble de la société qui se durcit en catégories fermées. Les aristocraties municipales, celle des *curiales*, ont l'obligation de conserver leur rang, car leur rôle est essentiel dans l'administration locale, notamment pour la perception des impôts. La charge est lourde, dans un monde où l'appauvrissement menace. L'État entend bien que la condition sociale de chacun soit continuée par ses enfants. Le fils de soldat doit être soldat, le fils de cultivateur doit cultiver le domaine paternel. Dans ce même esprit de rationalisation à outrance, Dioclétien promulgua, en 301, un édit fixant, pour chaque marchandise, un prix maximum, qui devait être observé sous peine de mort. Bon officier, l'empereur croyait à la géométrie militaire, et prétendait l'imposer à la vie.

Comme Dioclétien l'avait décidé, les deux Augustes, lui-même et Maximien, abdiquèrent. Les deux Césars, Constance et Galère, devenaient Augustes. Deux nouveaux Césars furent désignés, Sévère, un officier comme subordonné à Constance, Maximin Daïa, un militaire lui aussi, adjoint à Galère. Mais, depuis son palais de Spalato (Split), sur les rives de l'Adriatique, Dioclétien, qui vécut jusqu'en 315, put voir son œuvre se défaire, le bel édifice s'écrouler, car les réformes qu'il avait imposées ne tenaient compte ni de la nature humaine ni d'une fatalité historique, l'effacement progressif de la vieille foi dans les « vertus » d'antan.

Constantin

D'abord les deux nouveaux Augustes ne s'entendaient pas. Aucun des deux n'était disposé à accepter l'autorité de l'autre. Or là était la clef du système. De plus, Maximien avait un fils, Maxence, qui ne se résignait pas à n'avoir pas été choisi comme César. Et il en allait de même pour le fils de Constance, Constantin. Dès 306, Constantin, retenu dans l'entourage de Galère, abandonna son poste et se rendit auprès de son père, en Bretagne. Lorsque Constance mourut, à York, le 25 juillet, Constantin fut proclamé empereur par les soldats. Le vieux scénario recommençait. Galère, seul Auguste, accepta de proclamer Constantin César, à la grande fureur de Maxence. Un conflit armé s'engagea finalement entre Maxence et Constantin. Il se termina pas une bataille qui eut lieu le 28 octobre 312, près du Pont Milvius (passage du Tibre emprunté à la sortie de Rome par la Via Flaminia, la grande route du nord). Maxence fut vaincu et, en s'enfuyant, se noya dans le Tibre. C'est au cours de cette bataille que Constantin aurait eu une vision, sur laquelle les versions diffèrent. Il s'agissait peut-être d'une croix, accompagnée de trois mots signifiant « Par ce signe tu vaincras », ou bien du monogramme du Christ. Quoi qu'il en soit, même victorieux Constantin n'était pas seul au pouvoir. Son plus dangereux rival était Licinius, qui avait remplacé Sévère dans la tétrarchie. Après s'être fait l'allié de Constantin, il entra en lutte contre lui. Puis vinrent dix années de paix, qui dura jusqu'en 324. Puis de nouveau la guerre, qui se termina, en deux batailles, par l'élimination de Licinius. Constantin est maître de l'Empire. La même année, il décida de créer une seconde capitale. Pour cela, il choisit Byzance, qui commandait la route stratégique, allant d'Asie jusqu'en Occident et évitait un long trajet maritime. Il en résultait que l'axe de l'Empire ne passait plus par Rome. Par une sorte de compensation, Rome devenait la ville majeure des chrétiens. L'empereur fit don à l'évêque de Rome du palais des Laterani, qui appartenait à sa famille. Au Vatican, sur la rive droite du Tibre, donc très en dehors de la Ville, où la tradition plaçait le tombeau de l'apôtre Pierre, fut élevée une basilique, qui devait marquer le point central de la religion chrétienne. Une autre, consacrée à l'apôtre Paul, fut construite sur la rive gauche du Tibre, mais très en dehors de l'enceinte fortifiée, sur la route d'Ostie. Le centre, la vieille ville, resta marquée par la tradition païenne. Même officiellement professé par l'empereur, le christianisme n'est encore que marginal.

Cependant, la construction de la nouvelle capitale sur le Bosphore se poursuivait. Elle fut inaugurée solennellement le 11 mai 330. La ville fut dotée d'un sénat à l'imitation de Rome. Démarche sans grande conséquence, puisque le sénat romain avait perdu toute importance dans le gouvernement du monde.

Les Barbares

En fait, cette organisation nouvelle de l'Empire s'établissait en grande partie pour répondre aux problèmes que posait la sécurité des frontières. Choisir pour la nouvelle capitale le point où un trajet maritime serait le plus court possible s'explique par l'insécurité des mers, menacée par des pirates barbares, notamment les Goths, qui avaient dominé dans les détroits pendant tout le siècle précédent. Constantin conclut avec eux un traité d'alliance dès 332. Restaient les populations venues des pays situés au-delà du Danube, les Sarmates, que l'on réussit à installer dans les zones frontalières, dans les Balkans et le nord de l'Italie.

Sur le front perse, les victoires remportées par Galère en 297 permirent un répit de quarante ans, puis, à partir de ce moment, ce furent des attaques périodiques lancées par les Perses, qui assiégeaient les villes fortifiées défendues par les troupes romaines. Ce harcèlement quasi permanent ne permettait pas de dégarnir la frontière.

En Occident, on voit des Germains occuper, avec l'accord de Rome, des campagnes désertées. Ils n'ont d'autre obligation que de cultiver la terre. Pour échapper à cette condition, qui les rapproche des colons romains, attachés eux aussi à la terre, ils ont la possibilité de devenir soldats. La vieille politique d'intégration, commencée au temps de Marc Aurèle, est poursuivie et diversifiée, mais on peut dire déjà que des régions entières des provinces occidentales se germanisent, et aussi que ce phénomène atteint l'armée où, comme on pouvait s'y attendre, certains de ces soldats barbares parviennent aux grades supérieurs et commencent à jouer un rôle politique. Ils sont présents à la cour, et aussi dans les bureaux de la haute administration. Plus que jamais l'Empire est semblable à un monde clos où s'infiltrent des éléments étrangers, parfois en très grand nombre, dont l'assimilation ne pouvait être totale. Il ne saurait y avoir une adhésion spirituelle totale entre Barbares et Romains. Ceux-ci appartiennent consciemment à une culture dont les valeurs reposent sur des « vertus » humaines bien définies, parmi lesquelles, comme déjà pour Cicéron, la justice tient le premier rang, tandis que la vertu de courage, la *fortitudo*, a perdu ses accents guerriers, pour n'être plus qu'une attitude de la vie personnelle. Plus qu'autrefois on exalte la bonté, la clémence et la *pietas*, c'est-à-dire le respect des liens de nature et de l'affection qu'ils impliquent. Les Barbares eux, tels que nous pouvons les entrevoir, se référaient à d'autres vertus : le courage physique, d'abord, qui attire le respect des autres, la force de la personnalité, source de prestige. Les différences entre les deux mentalités, signalées par Tacite et bien d'autres, sont loin d'être complètement effacées. La fidélité des Barbares à leurs « vertus » explique sans doute que, dans les régions où ils constituaient l'élément dominant, ils aient provoqué la formation de véritables nations, qui sont à l'origine de celles qui se retrouvent dans l'Europe médiévale et moderne.

À l'intérieur, les dissensions entre chrétiens ajoutaient à la confusion. Il y eut la querelle des donatistes, surgie à propos de l'attitude à tenir envers les chrétiens qui s'étaient soumis aux édits de Dioclétien et avaient remis les Livres saints aux autorités. Pendant tout le IVe siècle catholiques et donatistes vont s'affronter, créant deux Églises rivales, l'Afrique entière passant aux donatistes. Et puis il y a une hérésie, l'arianisme, interminable discussion sur la nature du Père et celle du Verbe *(Logos)*. Constantin réunit, en 325, à Nicée, un concile œcuménique (universel) pour régler la question. La majorité décida en faveur du dogme selon lequel le Fils est « engendré, non créé », que sa divinité, son existence même sont immanentes et appartiennent à son être même. La décision du concile ne fut pas acceptée par tous. L'arianisme resta longtemps vivant. Il s'implanta, en particulier, parmi les Goths installés sur la basse vallée du Danube, suffisamment intégrés dans l'Empire pour en partager les querelles internes.

À la mort de Constantin ses trois fils tentèrent de se partager le pouvoir, après avoir provoqué le massacre par l'armée des demi-frères et des neveux de Constantin. En 340, l'un des fils de l'empereur défunt, Constantin II, entra en lutte avec ses frères. Il fut vaincu par Constant, à la bataille d'Aquilée. Les deux empereurs restants, Constance II et Constant, régnèrent conjointement jusqu'au moment où un usurpateur, Magnence, prit la place de Constant, qui périt dans l'affaire. Constance II intervint et Magnence dut se suicider. Pendant huit ans, il n'y eut plus qu'un seul Auguste. Constance II, qui avait pris pour lui le front d'Orient, chargea son cousin, le jeune Julien, de défendre les Gaules contre les Germains. Julien remporta de grands succès, si bien que son armée s'attacha à lui et lorsque, au début de l'année 360, on apprit que l'empereur voulait prélever des renforts sur le front d'Occident pour les transférer en Orient, il y eut une rébellion. Julien fut, contre son gré, proclamé empereur. Constance, malade, après avoir songé à entrer en guerre contre son cousin, le reconnut comme empereur, peu avant de mourir.

Il s'ensuivit un étrange épisode. Julien, qui avait été élevé dans le christianisme, la religion officielle, se passionna pour la culture païenne, qu'il tenta de rétablir dans son éclat et son prestige de jadis. Persuadé que les chrétiens, en raison de leur foi, étaient incapables de comprendre et de transmettre l'esprit des philosophes, il leur interdit de donner un enseignement public. Il restaura aussi les pratiques du culte traditionnel. Mais ce rêve démesuré fut sans lendemain. Julien, aussi soucieux de rendre à l'Empire ses frontières que sa culture, s'engagea en mars 363 dans une campagne contre les Perses. Lors d'une embuscade il fut mortellement blessé par une flèche, le 27 juin 363.

Désintégration

L'Empire romain, en Occident, devait survivre encore un siècle. Les dissensions intérieures, la pression, de plus en plus forte, des Barbares, le rôle des officiers germains ou vandales achèvent de ruiner tout ce qui pouvait subsister de l'unité impériale. Ici et là des villes provinciales maintiennent, tant bien que mal, l'esprit romain, mais les campagnes se dépeuplent, épuisées par le brigandage, devenu endémique et les exigences du fisc. Alors que tout s'effondre, l'administration impériale maintient sa pression financière, qui ruine les aristocraties locales, clefs de voûte de la société. Les écrivains cultivent les genres traditionnels. Ammien Marcellin (332-400 environ), bien qu'il soit d'origine orientale, écrit en latin son *Histoire*, qui continue celle de Tacite. À Rome, à Trèves, les discours officiels reprennent les formules immuables des rhéteurs. À Bordeaux, à Autun, les poètes augustéens sont familiers à tous. La culture romaine demeure, mais ne se renouvelle guère. Ausone, sur les rives de la Moselle, ne retrouve pas les accents de Virgile sur les bords du Mincio. Phénomène mystérieux que cet épuisement de l'esprit, dont les intermittences s'étirent sur des siècles. Le christianisme suscite des écrivains, mais le génie d'Augustin (354-430) s'élève presque seul, tandis qu'un ange châtie saint Jérôme pour son cicéronianisme*. Une littérature chrétienne n'en surgit pas moins. À aucun moment elle ne se substituera aux grandes œuvres de la Rome païenne.

L'histoire politique du siècle est marquée par des luttes sanglantes, des accords passagers, l'intervention d'officiers barbares qui, pendant des années, deviennent les véritables maîtres du jeu. Les envahisseurs pénètrent de plus en plus profondément dans l'Empire. En 410, le Goth Alaric s'empare de Rome et la pille. À la mort de Julien, un empereur fut désigné par l'armée d'Orient, Jovien, qui mourut peu après. Les soldats lui donnèrent pour successeur un autre officier, nommé Valentinien. Ce Valentinien avait un frère, nommé Valens, à qui il conféra le titre d'Auguste. L'Empire se trouvait ainsi divisé en deux. C'est à partir de ce moment qu'il y eut, dans les faits, un Empire d'Orient dont la capitale était l'ancienne Byzance, devenue Constantinople, et un Empire d'Occident. Cette séparation avait été rendue nécessaire par les impératifs militaires, et le régime établi par Valentinien en Occident fut en fait une dictature de l'armée, conforme aux principes qui avaient autrefois dicté la politique de Dioclétien. Ce qui subsistait des antiques structures de la société fut brisé. Valentinien mourut en 375, au cours d'une guerre contre les Sarmates. Son fils Gratien lui succéda, mais dut accepter le partage avec l'un de ses frères, Valentinien II.

Pendant ce temps, en Orient, Valens se trouvait confronté à de nouvelles invasions. Les Goths, sous la pression des Huns, et d'autres Barbares, se soulevèrent et envahirent la Thrace. Valens tenta de les arrêter mais il mourut au cours de la bataille d'Andrinople (9 août 378), l'une des plus grandes défaites subies depuis Cannes par les armées romaines.

Pour remplacer Valens, Gratien désigna un nouvel empereur d'Orient, Théodose, qui installa sa capitale à Constantinople. De nouveau il y eut trois Augustes, Gratien, Théodose et Valentinien II. Et, de nouveau aussi, une usurpation. Un officier de l'armée de Bretagne, Maximus, se souleva contre Gratien, qui fut vaincu et tué. Maximus le remplaça, jusqu'au jour où, Théodose décida de combattre Maximus et y réussit. Mais le véritable arbitre de la situation était un officier franc, nommé Arbogast, qui se débarrassa de Valentinien II et fit désigner un empereur qui pouvait s'appuyer sur ce qui restait de la vieille noblesse romaine. Cet empereur, Eugène, n'était pas un militaire, mais un « intellectuel », un rhéteur, qui se trouvait ainsi opposé à Théodose. Une bataille eut lieu sur la Rivière Froide, le 5 septembre 394. Théodose fut vainqueur. Lorsqu'il mourut, le 17 janvier 395, il laissait deux fils, Honorius et Arcadius. Ces princes, encore enfants, étaient placés sous la tutelle d'un Vandale, Stilichon. La fin du siècle fut marquée par l'intervention de plus en plus décisive des forces barbares, en Occident comme en Orient. Il y eut, en 475, une ultime tentative pour installer un empereur en Occident, sous le nom de Romulus, que l'on surnomma Augustule. Il fut aussitôt détrôné par un officier barbare, nommé Odoacre, qui décréta, de sa propre autorité, la fin de l'Empire en Occident (août 476).

Mais déjà, depuis longtemps, l'idée même qu'avait été l'Empire de Rome ne survivait plus que dans l'esprit de quelques-uns. Elle ne s'appuyait plus sur rien de concret. Elle n'était pas morte, mais il lui fallait renaître, désincarnée, dans un monde qui serait nouveau.

LE BILAN DE L'EMPIRE

Le jeu des forces qui font et défont les sociétés humaines n'est pas sans poser à l'esprit maints problèmes qui, le plus souvent, restent sans solution. Celles qui sont proposées se voient parfois contredites par des faits imprévisibles. Pourquoi l'Empire romain est-il né ? Assurément pas en raison d'une richesse matérielle exceptionnelle, ou des bienfaits d'un climat heureux. Si l'on en croit ce que les Romains eux-mêmes nous en disent, il fut la récompense des « vertus » d'un peuple qui, par son respect des dieux, son dévouement à la cité, a mérité sa fortune. Mais c'est là, peut-être une vision optimiste. Les qualités des hommes peuvent-elles, par elles-mêmes, exercer une action si profonde sur l'Histoire ? Et ces qualités, ces vertus, qui furent celles de Rome, quelles sont-elles ?

Essentiellement la volonté de concilier, dans toute la vie sociale, la force et la loi. La force, celle des armes, est contrainte matérielle ; la loi est, elle aussi, une contrainte, mais toute morale. Elle crée un ordre acceptable pour tous, engendre la paix, c'est-à-dire un état du monde désirable pour lui-même, dans lequel les vies personnelles ont la possibilité de se dérouler en ménageant une marge suffisante aux aspirations de la sensibilité. Tel est le sens de la célèbre formule cicéronienne, invitant les « armes à s'effacer devant la toge », la gloire du soldat à n'être que seconde avant l'estime portée au « bon » citoyen. Cicéron écrivait et parlait au moment où, après de dures épreuves, l'équilibre se rétablissait à l'intérieur de la cité. Auguste entendit la leçon et s'efforça de réaliser cet État idéal, dans lequel il ne s'agit pas de masquer la force mais d'en marquer les limites, de faire en sorte qu'elle n'apparaisse que comme un moyen transitoire et non une fin en soi. Cette dualité, ce couple formé par les deux aspects de la vie sociale, est symbolisée par le titre même du monarque à qui est confié l'État : *imperator*, c'est-à-dire maître absolu de la force, il est en même temps celui qui crée la loi, s'il le faut, mais qui, en même temps, observe celles qui existent indépendamment de lui.

Dans la cité romaine existe une autre force, que les Modernes ont souvent tendance à méconnaître, celle qui émane du sacré. L'un des caractères de la religion romaine est la différence qu'elle établit entre la *religio* elle-même et la *superstitio*. Est *religio* seulement ce qui a l'adhésion de la tradition et des lois. Ce qui interdit toute innovation, toute inspiration soudaine qui saisit tel ou tel esprit et l'entraîne à des actes imprévisibles. La *religio*, dans les rapports avec les dieux, c'est-à-dire avec les forces que les hommes ne peuvent maîtriser, est semblable à la loi dans les rapports entre les humains eux-mêmes. C'est elle qui établit la *pax deorum*, qui calme les angoisses devant l'inconnu. Rome a bonne conscience. Elle sait qu'il existe un *droit* qui règle les rapports avec les dieux. Ainsi se trouve apprivoisé tout mysticisme. Et l'une des causes qui ont accompagné et accéléré la fin de l'Empire a été le manquement à cette règle de sagesse, lorsque, par exemple, les Goths s'enflammaient pour l'arianisme, et d'autres peuples contre lui.

Les forces économiques ont-elles joué un rôle ? Assurément, puisque l'ordre social, à Rome, est fondé sur la possession de la richesse, mais, à la différence d'autres temps, celle-ci n'a pas pour objet d'établir une domination, mais au contraire de créer une « société de bienfaits », d'établir des réseaux de reconnaissance.

Il faut probablement voir dans l'établissement d'une structure de ce type, essentiellement familial, la cause réelle de l'Empire. Et l'une des leçons que nous donne celui-ci est de montrer que tout cela est possible, que les rapports entre les humains ne sont pas forcément conflictuels, qu'il a existé, pendant des siècles, un système dans lequel la force et les contraintes matérielles furent réduites à n'être presque rien, où les règles administratives, les bureaux chargés de les appliquer ne l'étaient pas moins. L'Empire romain apparaît alors comme un lieu de liberté, et c'est seulement lorsque l'Empire fut ébranlé (essentiellement par des forces extérieures) que l'on tenta de tout réglementer. Cette intervention de l'esprit de géométrie diminua l'action des forces de vie et, finalement, les paralysa.

Assez curieusement, l'idée de l'Empire romain, à travers les siècles, resta celle d'un système juridiquement ordonné, mais dont les lois n'étaient pas établies au nom d'un quelconque système arbitraire. L'empereur Sévère Alexandre lisait la *République* de Platon, certes, mais aussi, et surtout, celle de Cicéron, qui montre que les États sont des êtres vivants et non des figures géométriques. La confusion entre les deux ordres fut mortelle.

Lorsque les empereurs d'Orient essayèrent de récupérer des lambeaux de l'Empire d'Occident, lorsque l'on évoqua la grandeur de l'*imperium romanum* sur les mosaïques de San Vitale, à Ravenne, c'est l'empereur comme législateur que l'on prit pour symbole. Et ce qui resta dans l'esprit des hommes, ce fut le souvenir d'un temps où il y avait un homme, maître du monde, capable, par le seul prestige de l'esprit, et ses seules forces, d'établir un ordre universel, capable de pacifier les forces anarchiques inséparables de la vie et qu'il est mortel de mutiler.

CHRONOLOGIE

AVANT JÉSUS-CHRIST

753 Fondation de Rome.
578 (ca) Constitution de Servius Tullius.
520 (ca) Construction du temple de Jupiter *Optimus Maximus* sur le Capitole.
509 Expulsion des rois. Fondation de la *Libera respublica*.
497 Victoire de Rome sur les Latins, au lac Régille.
406-396 Siège et prise de la ville étrusque de Véies.
390 Rome prise par les Gaulois.
343-341 Première guerre contre les Samnites.
340-337 La Ligue latine, révoltée, est dissoute. Son territoire devient romain.
340 (ca) Création d'un État romano-campanien.
338 Une colonie romaine installée à Antium (Anzio), sur la côte Tyrrhénienne.
327-304 Deuxième guerre samnite.
323 Mort d'Alexandre le Grand à Babylone.
312 Construction de la Via Appia, reliant Rome à Capoue.
306 Traité entre Rome et Carthage. Partage des zones d'influence.
298-291 Troisième guerre samnite.
280-272 Guerre contre Tarente, alliée de Pyrrhus.
268 Fondation d'une colonie romaine à Ariminum (Rimini), sur l'Adriatique.
264-241 Première guerre contre Carthage.

260 Victoire navale de Rome sur Carthage.
254 (ca) Naissance de Plaute.
244 Fondation d'une colonie romaine à Brundisium (Brindes).
241 Occupation de la Sicile.
239 Naissance d'Ennius.
238 Occupation de la Corse et de la Sardaigne.
228 Rome admise aux Jeux Isthmiques.
225 Intervention romaine en Illyrie.
222 Occupation de la Gaule cisalpine.
219 Début de la deuxième guerre contre Carthage.
216 Défaite des Romains à Cannes. Alliance d'Hannibal et du roi Philippe V de Macédoine.
214 Siège de Syracuse.
206 Création de la province d'Espagne.
203 (ca) Naissance de Polybe.
202 Victoire sur Hannibal, à Zama.
200-196 Deuxième guerre de Macédoine.
195 Rome divinisée à Smyrne.
192-188 Guerre contre Antiochos III.
190 (ca) Naissance de Térence.
184 Censure de Caton.
183 Mort d'Hannibal en exil.
168 Défaite du roi de Macédoine Persée à Pydna.
167 Polybe à Rome.
166 Création d'un port franc à Délos.
155 Ambassade des philosophes grecs à Rome.
149-146 Troisième Guerre punique. Destruction de Carthage.
Création de la province d'Afrique.
146 Prise et sac de Corinthe.
145 Venue à Rome du stoïcien Panétius de Rhodes.

---

134 Tribunat de Tiberius Gracchus.
133 Prise de Numance par Scipion Émilien.
Attale III de Pergame lègue son royaume aux Romains.
124 Tribunal de Caius Gracchus. Sa mort.

118 (ca) Création de la province de Gaule narbonnaise.
118 Fondation de Narbo Martius (Narbonne).
113 Création de la province d'Asie.
107 Premier consulat de Marius.
106 Naissance de Cicéron et de Pompée.
105 Victoire des Cimbres à Orange.
Jugurtha livré aux Romains.
102 Victoire de Marius sur les Teutons à Aix-en-Provence.
100 Création de la province de Cilicie. Naissance de César.
91-90 Guerre sociale.
90 Droit de cité romaine accordée aux Italiens qui le demanderont.
89 Massacre des Italiens à Délos.
88-85 Première guerre contre Mithridate.
87 Naissance de Salluste. Peut-être de Catulle.
86 Sulla prend Athènes.
85 Paix avec Mithridate.
83-82 Premier soulèvement de Sertorius en Espagne.
82 Sulla dictateur. Les proscriptions.
80 Deuxième soulèvement de Sertorius en Espagne.
79 Abdication de Sulla.
74 Troisième guerre de Mithridate.
74-69 Création des provinces de Crète et de Cyrénaïque.
74-62 Création des provinces de Bithynie et du Pont.
73-71 Guerre de Spartacus.
71 Lucullus, vainqueur de Mithridate, est abandonné par son armée.
70 Procès de Verrès. Naissance de Virgile.
66 Pompée chargé de la guerre contre Mithridate.
65 Naissance d'Horace.
63 Mort de Mithridate. Fin de la guerre en Orient.
Consulat de Cicéron. Conjuration de Catilina.
Naissance d'Octave.
62 Création de la province de Syrie. Retour de Pompée en Italie.

61 Triomphe de Pompée *de orbe terratum*.

60 Formation du premier triumvirat.

59 Consulat de César. Naissance de Tite-Live.

58 Début de la guerre des Gaules. Exil de Cicéron.

57 Rappel de Cicéron.

55 Construction du théâtre de Pompée. Commencement de la *Basilica Julia*.

53 Défaite et mort de Crassus à Carrhes, en Syrie.
Révolte de Vercingétorix.

52 Pompée seul consul. Assassinat de P. Clodius.

51 La Gaule « chevelue » devient province romaine.

50 Fin de la guerre des Gaules.

49 Début de la guerre civile entre César et Pompée, celui-ci au nom du sénat.

48 (9 août) Victoire de César à Pharsale.
Mort de Pompée en Égypte.

47 (ca) Naissance de Properce.

46 (6 avril) Victoire de César en Afrique, à Thapsus.

45 (17 mars) Victoire de César en Espagne, à Munda.

44 (15 mars) Assassinat de César.
(juillet) Jeux de la Victoire de César. Début des *Philippiques* de Cicéron.

43 (novembre) Formation du deuxième triumvirat. Proscriptions.
(7 décembre) Assassinat de Cicéron.
Naissance d'Ovide. Fondation de Lyon.

42 (23 octobre) Victoire des triumvirs à Philippes.

40 Guerre de Pérouse.
(octobre). Paix de Brindes entre Octave et Antoine. IVe Églogue de Virgile.

39 Paix de Misène entre les triumvirs et Sextus Pompée. Ire Églogue de Virgile.

38 (17 janvier) Octave épouse Livie.
Publication des *Bucoliques*. Horace présenté à Mécène.

37 Les hostilités reprennent avec Sextus Pompée. Renouvellement des pouvoirs du triumvirat.

36 Octave reçoit la puissance tribunicienne.

(août). Défaite de Sextus Pompée à Naul
Octave voue un temple à Apollon sur le Palati

35 Construction de la bibliothèque d'Asinius Pollion.
Premier livre des *Satires* d'Horace.

33 Édilité d'Agrippa. Grands travaux à Rome.

31 (2 septembre) Victoire d'Octave sur Antoine à Actium.

30 (1er août) Prise d'Alexandrie par Octave.

29 Virgile lit ses *Géorgiques* à Octave et Mécène.
(13 août) Triple triomphe d'Octave.
Deuxième livre des *Satires* d'Horace.

27 (16 janvier) Octave reçoit le nom d'Auguste.
Triomphe de Messalla sur les Aquitains.

25 Julie épouse Marcellus.

24 Maladie d'Auguste.

23 Mort de Marcellus.
Publication des trois premiers livres des *Odes* d'Horace.

22 Julie épouse Agrippa.

21 Premier livre des *Épîtres* d'Horace.

20 Naissance de Caius Caesar. Récupération des enseignes de Crassus.

19 Mort de Virgile et de Tibulle.

17 Naissance de Lucius Caesar.
Célébration des Jeux Séculaires.

16 Campagne de Tibère et Drusus dans les Alpes.

13 Dédicace de l'Autel de la Paix. Publication du livre IV des *Odes* d'Horace.

12 Mort d'Agrippa. Naissance d'Agrippa Postumus.
Campagne de Tibère et Drusus en Germanie.

11 Julie épouse Tibère.

10 Naissance de Claude à Lyon.

9 Mort de Drusus en Germanie.

8 Installation des Sicambres sur la rive gauche du Rhin.
Mort d'Horace. Mort de Messalla. Mort de Mécène.

7 Trophée de la Turbie.

6 Tibère se retire à Rhodes.
4 (ca) Naissance de Sénèque.
2 Création d'un préfet du prétoire. Exil de Julie.

APRÈS JÉSUS-CHRIST

2 Mort de Lucius Caesar.
4 Mort de Caius Caesar. Tibère de nouveau associé au gouvernement.
7 Exil d'Agrippa Postumus.
8 Création d'un préfet de l'annone. Exil d'Ovide à Tomes.
9 Désastre de Varus.
12 (31 août) Naissance de Caligula.
14 (19 août) Mort d'Auguste. Avènement de Tibère. Mort d'Agrippa Postumus.
14-16 Campagnes de Germanicus sur le Rhin.
17 Mort de Tite-Live. Séjan seul préfet du prétoire. Mort de Julie.
18 Mort d'Ovide en exil.
19 (octobre) Mort de Germanicus.
23 Naissance de Pline l'Ancien.
26 Tibère se retire à Capri.
30 (ca) Naissance de Dion Chrysostome.
31 (octobre) Chute de Séjan.
37 (16 mars) Mort de Tibère. Avènement de Caligula.
(15 décembre) Naissance de Néron.
39 Mariage de Claude et de Messaline.
41 (24 janvier) Assassinat de Caligula. Avènement de Claude.
Relégation de Sénèque en Corse.
42 Discours dit « de Lyon ».
43 Expédition de Bretagne.
44 Triomphe de Claude sur les Bretons.
47 Célébration des Jeux Séculaires.
48 (septembre) Mort de Messaline.

49 (janvier) Mariage de Claude et d'Agrippine.
50 (ca) Naissance de Plutarque.
51 Néron adopté par Claude.
Campagne de Corbulon en Arménie.
53 Néron épouse Octavie, la fille de Claude et de Messaline.
54 (12 octobre) Mort de Claude. Avènement de Néron.
55 Mort de Britannicus.
(ca) Naissance de Tacite.
59 (mars) Mort d'Agrippine.
61 (ou 62) Naissance de Pline le Jeune.
63 Nouvelle campagne de Corbulon en Arménie.
64 (juillet) Incendie de Rome. Construction de la Maison d'or.
Persécution contre les chrétiens. Mort de Pierre (?).
65 Conjuration de Pison. Mort de Sénèque.
66 Début de la révolte en Judée.
67 Martyre de saint Paul.
68 (mars) Soulèvement de Vindex en Gaule.
Rébellion de Galba en Espagne.
(7 juin) Mort de Néron. Galba empereur.
69 (15 janvier) Mort de Galba.
(14 avril) Bataille de Bédriac. Suicide d'Othon.
(1er juillet) Vespasien proclamé empereur à Alexandrie.
(fin octobre) Vitellius vaincu à Crémone.
(21 décembre) Rome occupée par l'armée de Vespasien. Vespasien empereur.
70 (août-septembre) Titus prend Jérusalem.
76 Naissance d'Hadrien à Italica.
79 (24 juin) Mort de Vespasien. Avènement de Titus.
(24 août) Éruption du Vésuve. Mort de Pline l'Ancien.
Construction du Colisée.
81 (13 septembre) Mort de Titus. Avènement de Domitien.
Achèvement du Colisée.

86 Naissance du futur Antonin le Pieux.
88 Célébration des Jeux Séculaires.
96 (17 septembre) Assassinat de Domitien. Avènement de Nerva.

---

97 (28 octobre) Adoption de Trajan par Nerva.
98 (27 janvier) Mort de Nerva. Trajan empereur.
Tacite publie la *Vie d'Agricola* puis la *Germanie*.
100 Panégyrique de Trajan par Pline le Jeune. Naissance de Fronton.
101 Première guerre dacique.
102 (?) *Dialogue des orateurs*, de Tacite.
(26 décembre). Triomphe de Trajan.
104 Tacite commence la rédaction des *Histoires*.
105 Seconde guerre dacique. Trajan fait occuper la Nabatène.
(107) Annexion de la Dacie.
112 Tacite commence la rédaction des *Annales* (?).
113 Guerre parthique.
114 (ca) Mort de Pline le Jeune.
115 Révolte en Bretagne.
116 Trajan à Babylone.
117 (10 août) Mort de Trajan. Avènement d'Hadrien.
Fin de la rédaction des *Annales* (?).
Mort de Dion Chrysostome.
121 Naissance du futur Marc Aurèle.
122 Construction du Mur d'Hadrien en Bretagne.
124 (ca) Naissance d'Apulée.
125 (ca) Mort de Plutarque. Naissance de Lucien.
130 (15 décembre) Naissance de Lucius Verus.
131 Publication de l'Édit perpétuel.
136 Adoption par Hadrien de L. Ceionius Commodus.
137 (31 décembre) Mort de L. Ceionius Commodus..
138 (25 janvier) Adoption par Hadrien de T. Aurelius Fulvius Boionius Arrius Antoninus (Antonin le Pieux).
(10 juillet) Mort d'Hadrien. Avènement d'Antonin le Pieux.

143 Consulat de Fronton.
(21 avril) Éloge de Rome par Aelius Aristide.
146 Naissance de Septime Sévère à Leptis Magna.
153 (ca) Naissance de Dion Cassius.
161 (7 mars) Mort d'Antonin le Pieux. Marc Aurèle devient Augustus.
(31 août) Naissance de Commode.
165 (ca) Naissance d'Hérodien.
166 (12 octobre) Triomphe de Marc Aurèle sur les Parthes.
167 Invasion de l'Italie par les Marcomans et les Quades. Persécutions contre les chrétiens de Rome.
169 Épidémie de peste à Rome et dans l'Empire. Mort de L. Verus.
170 (ca) Naissance de Philostrate.
175 Rébellion d'Avidius Cassius.
177 Persécution contre les chrétiens à Lyon.
180 (17 mars) Mort de Marc Aurèle. Avènement de Commode.
185 Mort de Lucien.
192 (31 décembre) Assassinat de Commode. Pertinax empereur.
193 (18 mai) Assassinat de Pertinax.
(1er juin) Avènement de Septime Sévère.
195-198 Campagne contre les Parthes.
197 (février) Défaite d'Albinus près de Lyon.
202 *Decennalia* de Septime Sévère. Édit contre les chrétiens.
204 Célébration des Jeux Séculaires.
211 (9 février) Mort de Septime Sévère. Avènement conjoint de Caracalla et Geta.
212 (février) Caracalla règne seul.
Consitutio Antoniniana.
217 Mort de Caracalla et de Julia Domna. Prise du pouvoir par Macrin.
218 Mort de Macrin. Élagabal empereur.
222 Mort d'Élagabal. Avènement de Sévère Alexandre.
227 En Perse commence la dynastie des Sassanides.

229 Mort de Dion Cassius.

231 Attaque des Perses en Mésopotamie et en Cappadoce.

234 Sévère Alexandre à Mayence.

235 (18 mars) Sévère Alexandre et Julia Mamaea assassinés. Avènement de Maximin.

238 (mars) Les Gordiens père et fils empereurs. En même temps, Balbin et Pupien.

(juin) Maximin assassiné.

(juin-juillet) Gordien III empereur.

244 Gordien III assassiné. Philippe l'Arabe empereur.

245 (ca) Mort de Philostrate. Mort d'Hérodien. Naissance de Dioclétien.

249 Mort de Philippe l'Arabe. Decius empereur.

250 Épidémie de peste. Persécution contre les chrétiens.

251 Mort de Decius. Trebonianius Gallus empereur.

253 Aemilianus proclamé empereur, puis massacré à Spolète.

(septembre) Valérien empereur, associé à Gallien.

256 Sapor prend Antioche.

257 Édits contre les chrétiens.

260 Valérien fait prisonnier par les Perses. Gallien règne seul. Édit de tolérance envers les chrétiens.

Postumus constitue l'Empire des Gaules.

263 Les Goths pillent Éphèse.

267 Les Hérules attaquent Athènes.

268 Gallien assassiné devant Milan. Claude le Goth empereur.

269 Postumus assassiné.

270 Claude le Goth meurt de la peste. Aurélien est proclamé empereur par l'armée du Danube.

271 Alamans et Juthunges vaincus à Fano, puis à Pavie.

272 Fin du royaume de Zénobie à Palmyre et en Égypte.

273 Fin de l'Empire des Gaules.

274 Triomphe d'Aurélien.

275 Assassinat d'Aurélien. Le sénat désigne Tacite pour lui succéder.

276 Tacite tué par ses soldats. Deux prétendants, Florien et Probus. Le premier est assassiné par ses troupes. Probus règne seul.
282 Probus est assassiné.
(octobre) Carus empereur.
283 Un fils de Probus, Numérien, succède à son père.
285 Dioclétien empereur.
287 Maximien fait Auguste. Accord avec la Perse.
293 Création de deux Césars, Galère et Constance.
298 Paix de Nisibis avec les Perses.
301 Édit du maximum.
303 (23 février) Édit de persécution contre les chrétiens.
(20 octobre) Vicennalia de Dioclétien.
305 (1er mai) Abdication de Maximien et Dioclétien.
306 (26 juillet) Constantin proclamé empereur par l'armée.
(28 octobre) Insurrection de Maxence à Rome.
310 Naissance d'Ausone.
311 (avril) Galère publie un édit de tolérance envers les chrétiens.
312 (28 octobre) Victoire de Constantin au Pont Milvius.
313 (13 juin) Édit de tolérance envers les chrétiens étendu à tout l'Empire.
325 (20 mai) Concile de Nicée.
330 (11 mai) Byzance inaugurée comme seconde capitale.
332 Paix avec les Goths.
(ca) Naissance d'Ammien Marcellin.
337 (22 mai) Mort de Constantin.
340 Constantin II vaincu et tué à Aquilée.
348 (ca) Naissance de saint Jérôme.
353 Victoire de Constance II
354 Naissance de saint Augustin.
355 Julien chargé de défendre la Gaule.
360 Julien proclamé Auguste par ses soldats.
361 (3 novembre) Mort de Constance II.

363 Campagne contre les Perses.
(26 juin) Mort de Julien. Jovien empereur.
364 (février) Mort de Jovien. Valentinien, empereur, partage le pouvoir avec Valens.
375 (novembre) Mort de Valentinien.
378 (9 août) Défaite de Valens.
379 (janvier) Théodose Auguste.
380 Les Wisigoths installés sur la rive droite du Danube.
383 Arcadius fait Auguste.
392 (15 mai) Eugène proclamé empereur.
393 Honorius proclamé Auguste.
394 (6 septembre) Victoire de Théodose sur Arbogast et Eugène.
395 (17 janvier) Mort de Théodose.
405 Suppression des combats de gladiateurs.
408 (1er mai) Mort d'Arcadius.
(22 août) Mort de Stilicon à Ravenne.
410 Sac de Rome par Alaric.

BIBLIOGRAPHIE

ALBERTINI (E.) : *L'Empire romain,* Paris, 1989.

AUGUET (R.) : *Caligula,* Paris, 1975.

BÉRANGER (Jean) : *Principatus,* Genève, 19743.

BÉRANGER (Jean) : *Recherche sur l'aspect idéologique du Principat,* Bâle, 1953.

CARCOPINO (J.) : *César,* 5e éd., Paris, 1968.

CARCOPINO (J.) : *La vie quotidienne à Rome à l'apogée de l'Empire,* Paris, 1939.

CHAMOUX (F.) : *Marc Antoine,* Paris, 1986.

CHASTAGNOL (A.) : *Le Bas Empire,* Paris, 1969.

CHASTAGNOL (A.) : *Le sénat romain à l'époque impériale,* Paris, 1992.

CIZEK (E.) : *Néron,* Paris, 1982.

DANIÉLOU (J.) et MARROU (H.I.) : *Nouvelle Histoire de l'Église,* I, 1983.

DUNCAN JONES (R.P.) : *The Economy of the Roman Empire. Quantitative Studies,* Cambridge, 1974.

FABIA (Philippe) : *La table claudienne de Lyon,* Lyon, 1924.

GRÉGOIRE (H.) : *Les persécutions dans l'Empire romain,* Bruxelles, 1964.

GRIMAL (P.) : *Marc Aurèle,* Paris, 1992.

GRIMAL (P.) : *Virgile ou la seconde naissance de Rome,* Paris, 1985.

JERPHANION (L.) : *Julien dit l'Apostat,* Paris, 1986.

JERPHANION (J.) : *Histoire de la Rome antique,* Paris, 1987.

LE BOHEC (Y.) : *L'armée romaine,* Paris, 1989.

LE BOHEC (Y.), LE GLAY (J.), J.-L. VOISIN : *Histoire romaine,* Paris, 1991.

LE GALL (J.) et LE GLAY (M.) : *L'Empire romain*, Paris, 1987.

LE GLAY (M.) : *Grandeur et déclin de l'Empire*, Paris, 1992.

LE GLAY (M.) : *Rome. Grandeur et déclin de la République*, Paris, 1990.

LEPELLEY (C.) : *L'Empire romain et le christianisme*, Paris, 1969.

MARROU (H.I.) : *Histoire de l'éducation dans l'Antiquité*, Paris, 1948.

MARTIN (J.P.) : *Le siècle des Antonins*, Paris, 1977.

PFLAUM (H.G.) : *Les procurateurs équestres sous le Haut Empire*, Paris, 1990.

PIGANIOL (A.) : *L'empire chrétien*, 2e éd., Paris, 1972.

REMONDON (R.) : *La crise de l'Empire romain*, Paris, 1970.

SALLES (C.) : *Tibère, le second Caesar*, Paris, 1985.

SESTON (W.) : *Dioclétien et la tétrarchie*, Paris, 1946.

SYME (Ronald) : *La Révolution romaine*, trad. fr., Paris, 1967.

TURCAN (R.) : *Héliogabale et le sacre du soleil*, Paris, 1985.

GLOSSAIRE HISTORIQUE

Académie : Bois sacré du héros Académos, dans la banlieue d'Athènes. C'est là que Platon, puis ses disciples, donnaient leur enseignement.

Apocoloquintose : Ce mot signifie « transformation en citrouille ». Parodie du mot (et de la notion) d'apothéose. Titre d'une satire rédigée par Sénèque en 54, destinée à ridiculiser Claude, qui vient de mourir et qui est divinisé et, surtout, à promettre aux sénateurs que le jeune empereur Néron ne commettrait pas les excès dont le sénat avait eu à se plaindre sous le précédent règne.

Apothéose : Reconnaissance officielle, par le sénat, de la divinisation d'un empereur défunt. Elle entraîne, dans chaque cas, l'organisation d'un culte, avec un clergé spécial, souvent la construction d'un temple consacré au nouveau dieu.

Auctoritas : Le fait qu'une personne ou un groupe constitué possède l'efficace nécessaire pour assurer le succès d'une entreprise projetée. Ainsi le sénat garantit que telle loi, présentée au peuple, sera bonne. Autorité morale.

Chérusques : Peuple germain établi dans la Hesse.

Cicéronianisme : Nom donné par saint Jérôme à la culture païenne, symbolisée par l'œuvre de Cicéron, où le souci de la forme littéraire l'emporte sur le contenu de la pensée.

Comices curiates : La plus ancienne assemblée, formée par les membres des curies* et représentant le *populus*, source du pouvoir au même titre que le sénat. Ce sont ces comices qui confèrent l'*imperium*, d'abord aux rois, puis aux magistrats issus de la royauté, consuls et préteurs. Ils traitent aussi des affaires d'adoption. Leur nature est d'essence religieuse.

Congiaire : Distribution au peuple de vin, de blé, d'huile, etc. Par extension, distribution d'argent. Quand il s'agit d'argent donné aux soldats on emploie aussi le terme de *donativum*.

Constitution servienne : Organisation de la cité attribuée au roi Servius Tullius, au VIe siècle avant J.-C. Division des citoyens en cinq classes censitaires, elles-mêmes divisées en centuries, en fonction de leur rôle dans l'armée.

Consul : Nom des deux magistrats majeurs issus du démembrement du pouvoir royal, en 509 avant J.-C. Ces magistrats furent d'abord appelés *praetores* (de *prae-ire*, aller devant, précéder) ; le mot *consul* met l'accent sur l'idée de délibération et aussi de prévoyance, de dessein soigneusement prémédité. Les consuls, d'abord choisis parmi les patriciens, possèdent l'*imperium*. Chacun d'eux a le droit de s'opposer à une décision de l'autre.

Curie : Dans la Rome archaïque, division du corps des citoyens, sorte de « paroisses » les groupant. Il y avait dix curies par tribu. Par extension, lieu où se rassemble une curie. Finalement, la curie par excellence est le lieu où s'assemble le sénat. C'est le sens du mot à l'époque classique et sous l'Empire.

Cursus honorum : Série des magistratures que devait exercer un Romain dans le cadre des institutions, avant de parvenir au consulat. Ce sont la questure, l'édilité (patricienne ou plébéienne), le tribunat de la plèbe (pour les plébéiens), la préture, le consulat. Un intervalle de deux ans doit être ménagé entre deux magistratures consécutives, si bien que, sous la République, on ne pouvait être consul avant quarante et un ans. Sous l'Empire, le cursus devait être précédé par un service militaire et une magistrature mineure, puis venaient la questure exercée à vingt-cinq ans, deux ans plus tard la préture, et le consulat à trente-trois ans. La censure n'est pas intégrée dans le cursus.

Digeste : Recueil de textes provenant des ouvrages des jurisconsultes, établi en 533, sur l'ordre de Justinien.

Dionysos : Appelé aussi Bacchos (Bacchus en pays latin). Assimilé à l'italique Liber Pater. Divinité grecque de la végétation, en particulier de la vigne et, par conséquent, du vin. Il préside aussi à la fécondité animale et humaine. On le montre entouré de Satyres et de Bacchantes (ou Ménades). Son culte est à l'origine de la tragédie. Une légende assez tardive le présentait comme un triomphateur venu des confins de l'Inde, où il aurait été élevé par les Nymphes, sur le mont Nysa. Sa présence est attestée en Grèce très anciennement.

Donatisme : Schisme de l'Église chrétienne d'Afrique, formé autour de l'évêque de Carthage Donat (312). La question était de savoir s'il fallait exclure ceux qui avaient trahi la foi en livrant les livres sacrés pendant la persécution de Dioclétien. Donat et ses partisans refusaient de les admettre dans l'Église. Le donatisme fut plusieurs fois condamné, par un synode, puis par un concile gaulois, enfin par Constantin, mais les donatistes résistèrent jusqu'à la fin de l'Afrique romaine (invasion des Vandales en 429).

Épicuriens : Disciples du philosophe Épicure (341-270). Né à Samos, il enseigna à Athènes une doctrine matérialiste, fondée sur une physique atomiste. Mais sa préoccupation principale n'est pas de donner une explication du monde ; elle est essentiellement morale. Il s'agit d'assurer le bonheur des hommes. Le Bien suprême est le plaisir, moins celui des sens que le calme de l'âme, c'est-à-dire l'absence de trouble (ataraxie). Épicure croit que l'âme humaine est entièrement matérielle et qu'elle ne possède aucune possibilité de survie. Les récits concernant l'outre-tombe ne sont que des fables vaines. Pour lui les dieux existent, mais ils ne communiquent avec nous que par le rêve et n'interviennent pas dans la conduite du monde ni dans les affaires humaines.

Gens : Groupe social qui, dans la Rome archaïque, se considérait comme descendant d'un ancêtre commun. Au cours du temps, la *gens* était divisée en *familiae,* caractérisées chacune par un *cognomen* (surnom) héréditaire (par exemple les Cornelii : à côté des Cornelii Scipiones, existaient des Cornelii Cethegi, Cornelii Lentuli, etc.). Mais entre les différentes branches subsistait un lien mystique, le sentiment d'une parenté profonde.

Grand Pontife : Voir *Pontifex Maximus.*

Humanitas : Notion (le mot est dérivé de *homo,* être humain) impliquant la reconnaissance des particularités spirituelles propres à l'être humain et, en conséquence, le respect de celui-ci chez autrui. Elle semble avoir existé, à Rome, avant l'influence des philosophes. Elle est implicite dans les formes les plus archaïques du droit, en particulier le *ius gentium,* qui reconnaissait des droits aux non-citoyens.

Ides : Division du mois. Le premier jour du mois porte le nom de calendes. Puis viennent les nones, qui sont le 7 en mars, mai, juillet et octobre, le 5 dans les autres mois. Les ides, qui sont le 15 aux mois de mars, mai, juillet, octobre et le 13 les autres mois. Les dates se formulent en fonction des jours restant à courir jusqu'à l'un de ces repères. Ainsi on dira : le 5 avant les calendes (plus souvent : le 5 des calendes), le 3 des nones (= le 5 ou le 3 selon le mois).

Intercessio : Droit reconnu aux tribuns de la plèbe d'opposer leur veto aux décisions d'un magistrat, quel qu'il soit et même, éventuellement, à un sénatus-consulte*. Par cet acte, le tribun s'*interposait* entre le magistrat et le citoyen concerné. Le but était de soustraire les citoyens à l'arbitraire.

Isis : Divinité égyptienne, épouse d'Osiris. Celui-ci ayant été mis à mort par Typhon (le dieu des ténèbres) et son cadavre découpé en morceaux, Isis s'employa à le reconstituer et lui rendit la vie. Isis est une divinité de la mer. Elle reçut un culte tout autour de la Méditerranée, particulièrement en Campanie, par où elle pénétra dans le monde italique. Elle reçoit un temple au Champ-de-Mars. Son culte est assuré par un clergé soumis à des obligations très précises (vêtements de lin, sans aucune matière de nature animale, nourriture, etc.) qui accomplissent des cérémonies journalières. La religion isiaque semble avoir exercé une grande emprise sur les femmes.

Ius Fetiale : Les Féciaux étaient un collège de deux prêtres chargés des relations, d'ordre religieux, avec les peuples étrangers. Ils étaient chargés, en particulier, de procéder aux déclarations de guerre, mais aussi de la conclusion des traités de paix. Le « chef » des Féciaux portait le nom de *Pater patratus.* L'ensemble des règles présidant à ses activités était le *ius fetiale*.

Jeux : Très ancienne tradition italique, très vivante chez les Étrusques, où des danseurs et des mimes sont chargés d'évoquer tout un monde mystique et, en même temps, de provoquer la joie, le plaisir de vivre. Ce cortège paraît lors des funérailles. Mais il existe des jeux en l'honneur de toutes les divinités (Flore, etc.). Des divinités réjouies ne peuvent qu'être favorables aux mortels. Il existait des jeux consistant en courses de chevaux, de chars, qui exaltaient une religion de la Victoire. Les Jeux de la Victoire de César avaient pour dessein de remercier les divinités, de saluer le nouveau dieu et de l'accompagner joyeusement dans sa montée au ciel.

Laraire : Chapelle où, dans chaque maison, sont placées des statuettes représentant les divinités qui la protègent. Ces divinités sont d'abord les Lares, vieux mot étrusque qui désignait des « Seigneurs », puis toutes celles envers qui les habitants de la maison ont une dévotion particulière. Cette chapelle se trouvait en général dans le tablinum (la pièce qui s'ouvrait au fond de l'atrium), souvent aussi dans la cuisine.

Légion : Le mot désigne une troupe levée parmi les citoyens (et eux seuls). Sous la République, elle comprend 4 200 hommes ; à partir de C. Marius (vers l'an 100 avant J.-C.) elle est de 6 000 hommes. La légion est divisée en centuries, groupées deux par deux dans un manipule. Elle se déploie sur trois lignes : devant, les *hastati*, puis viennent les *principes*, enfin, au troisième rang, les *triarii*. Il faut y ajouter les *vélites*, armés à la légère et combattant en dehors de la légion ainsi formée, et une cavalerie légionnaire, de 600 hommes.

Libertas : Nom désignant, sous l'Empire, la République. Pour le contenu de cette « liberté », cf. p. 11.

Ligue achéenne : Confédération comprenant des cités du Péloponnèse (en Achaïe), après la conquête macédonienne, dans la seconde moitié du IVe siècle avant J.-C. Sa capitale est Corinthe. Les cités achéennes étaient hostiles à Sparte, que favorisaient les Romains. Mummius remporta contre la Ligue une victoire décisive à Leucoptéra en 146. Corinthe, capitale de la Ligue, fut prise et pillée.

Limes : Littéralement « sentier » entre deux champs. Puis zone défensive établie le long d'une frontière et consistant en une route de rocade reliant entre eux des forts et des camps. Base de départ pour une défense active. Il existait un *limes* le long du Rhin, un autre en Syrie, un autre en Afrique, etc.

Livres sibyllins : Recueil de recettes religieuses et magiques retrouvé, disait-on, dans la sépulture du roi Numa, à Rome. Attribué à la Sibylle de Cumes, personnage à demi légendaire. Conservé par un collège de dix prêtres, il était consulté en cas de crise ou lorsque se produisait quelque prodige. Auguste le fit enfermer dans le piédestal de l'Apollon Palatin.

Lycée : Portique consacré à Apollon Lycien, à Athènes, et le gymnase attenant, où enseignèrent Aristote et ses disciples. La doctrine du Lycée est l'aristotélisme.

Maison des Vestales : Édifice à péristyle existant sur le Forum romain, non loin du temple de Vesta. Là était logé le collège des Vestales (au nombre de 7 sous l'Empire). Cette maison, très agrandie au cours des siècles, remonte, dans son état actuel, au règne de Septime Sévère.

Municipes : Cités existant antérieurement à la conquête romaine et qui conservent leurs institutions traditionnelles ou à qui ont été attribués des magistrats et des assemblées analogues à ceux de Rome. En pratique on désigne par municipes les cités de droit latin, qui ne possèdent pas le droit de cité romaine mais une forme inférieure. Seuls les magistrats de ces cités reçoivent le titre de citoyen romain.

Olympiens et Titans : Vieille légende, sans doute venue d'Orient, recueillie par Hésiode dans la *Théogonie*. Les Titans, nés de l'union du Ciel (Ouranos) et de la Terre (Gaia), personnifient des forces naturelles. Ils sont au nombre de six, avec six Titanides. Le plus jeune est Cronos, qui sera le père de Zeus, d'où seront issus les Olympiens. Les Titans se rebelleront contre Zeus, qui les précipitera dans le Tartare.

Ordo senatorius : Classe de citoyens formée des personnes possédant le cens sénatorial, c'est-à-dire la fortune nécessaire pour être sénateur, mais cela n'entraîne pas l'entrée au sénat.

Otium : Le fait de ne subir aucune contrainte, aucune obligation. Loisir (le contraire est *negotium,* « les affaires »). Désigne aussi la paix pour l'ensemble de la cité).

Philosophie du Jardin : Nom souvent donné à l'épicurisme, depuis que le fondateur de l'école, Épicure, s'était installé dans un jardin qu'il avait acheté dans la banlieue d'Athènes.

Pontifex Maximus : Grand Pontife, président du collège des pontifes, sacerdoce de caractère archaïque, d'origine et de fonction obscures. Le Grand Pontife est élu par le peuple, à vie. Il réside dans une demeure officielle, la *Domus Publica,* proche de la Maison des Vestales. Il contrôle l'ensemble de la religion, ce qui lui confère un grand pouvoir. Il exerce une autorité absolue sur le collège des Vestales.

Préteur : Magistrature détachée du consulat, à partir de 367 avant J.-C., lorsque fut créé un préteur urbain, chargé de « dire le droit » dans la Ville (l'*urbs*). En 242 est créé un *praetor peregrinus,* dont la juridiction s'étend aux étrangers se trouvant à Rome *(peregrini).* Les préteurs possèdent l'*imperium,* ce qui leur donne le droit de prendre des édits *(ius edicendi)*. À partir de 227 les préteurs, élus à cette fin, sont chargés de gouverner des provinces que l'on crée. À partir de César, les préteurs seront au nombre de seize.

Proconsul : Consul prorogé dans sa magistrature et chargé du gouvernement d'une province.

Propréteur : Préteur prorogé, à sa sortie de charge, et à qui est confié le gouvernement d'une province.

Province : Le mot désigne d'abord une mission, d'un ordre quelconque, dont est chargé un magistrat, puis, plus particulièrement, le territoire dans lequel cette mission s'exerce. Sous la République, un général vainqueur a comme « province » le territoire qu'il a conquis ; avec l'aide d'une commission sénatoriale, et sous son contrôle, il est chargé d'établir la *lex prouinciae*, le statut juridique de sa « province ».

Puissance tribucienne : Ensemble des pouvoirs appartenant aux tribuns de la plèbe, essentiellement la sacro-sainteté* et le droit d'*intercessio**.

Quirites : Nom donné aux citoyens romains de condition privée. Il s'oppose à *milites* (soldats). La tradition voulait qu'il ait désigné d'abord des Sabins, venus de la ville de Cures et établis à Rome sous le roi Numa.

Res Gestae : Littéralement « actions accomplies ». Auguste avait établi lui-même le bilan de son action, chapitre par chapitre, et ce texte fut affiché devant son Mausolée, au Champ-de-Mars, vers 1 après J.-C. Il contient une justification de sa politique, depuis sa prise du pouvoir. L'inscription comportait une version en langue latine, une autre en langue grecque. Un exemplaire a été découvert à Ankara, l'ancienne Ancyre. Des répliques avaient été envoyées dans toutes les grandes villes de l'Empire.

Sacro-sainteté : Caractère inviolable de la personne d'un magistrat, en principe, sous la République, un tribun de la plèbe. Toute tentative de violence envers un tribun entraîne la mise hors la loi du coupable.

Saepta : Ensemble d'enclos en plein air, destinés à grouper, matériellement, par unités de vote les électeurs qui, ensuite, passaient un à un sur un pont pour déposer leur bulletin. Les *saepta* étaient parfois appelés *ovilia,* parcs à moutons.

Sénatus-consulte : Décision prise officiellement par le sénat pour régler un problème particulier, par exemple prendre des mesures de police dont aucun magistrat ne voulait assumer la responsabilité. Ces mesures ne pouvaient pas être contestées aussi aisément que l'aurait été la décision d'un magistrat.

Tabularium : Grand monument, encore existant, destiné à abriter les archives officielles (les *tabulae,* les tablettes), construit au temps de Sulla entre le Capitolium proprement dit et l'Arx, la Citadelle, fermant ainsi la dépression qui existait entre les deux sommets de la colline.

Terminus : Divinité garantissant le caractère sacré et inviolable des limites légalement établies : d'une propriété privée, d'une frontière, etc. Le dieu est figuré par une pierre solidement fichée dans le sol.

CARTES

1. Progression de l'Empire

2. Les provinces de l'Empire

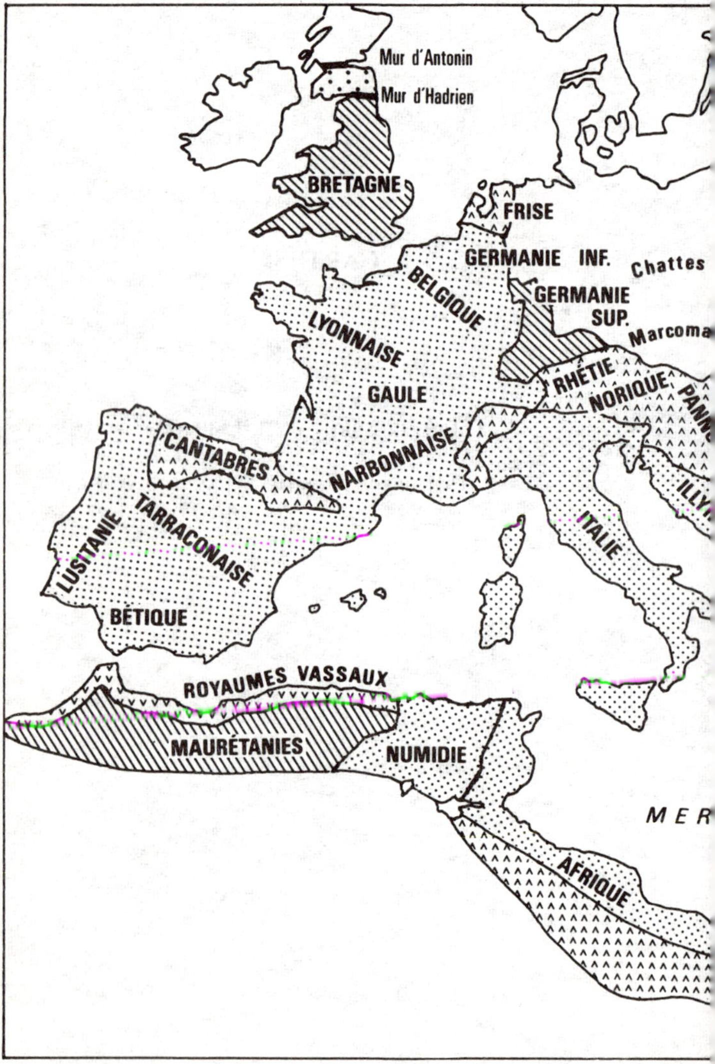

Mur d'Antonin
Mur d'Hadrien
BRETAGNE
FRISE
GERMANIE INF.
Chattes
BELGIQUE
GERMANIE SUP.
Marcoma
LYONNAISE
RHÉTIE
NORIQUE
GAULE
CANTABRES
NARBONNAISE
TARRACONAISE
LUSITANIE
ITALIE
BÉTIQUE
ROYAUMES VASSAUX
MAURÉTANIES
NUMIDIE
MER
AFRIQUE

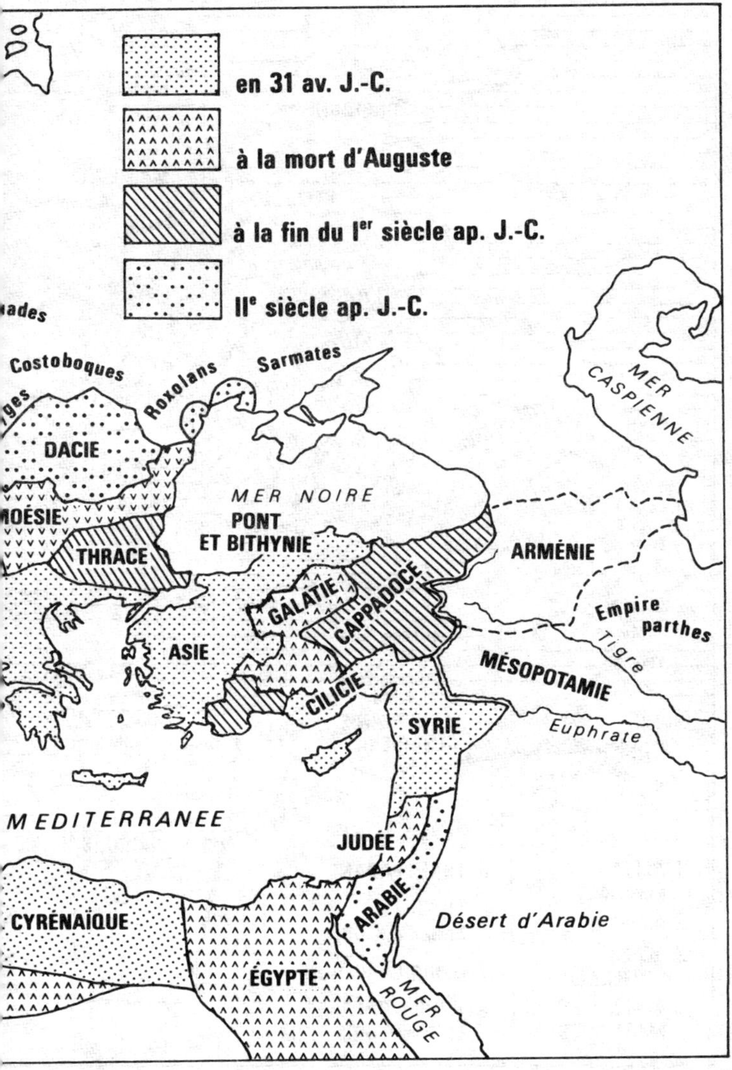

en 31 av. J.-C.
à la mort d'Auguste
à la fin du Ier siècle ap. J.-C.
IIe siècle ap. J.-C.
Costoboques
Roxolans
Sarmates
MER CASPIENNE
DACIE
MER NOIRE
MOÉSIE
PONT ET BITHYNIE
THRACE
ARMÉNIE
GALATIE
CAPPADOCE
Empire parthes
ASIE
Tigre
MÉSOPOTAMIE
CILICIE
SYRIE
Euphrate
MEDITERRANEE
JUDÉE
ARABIE
CYRÉNAÏQUE
Désert d'Arabie
ÉGYPTE
MER ROUGE

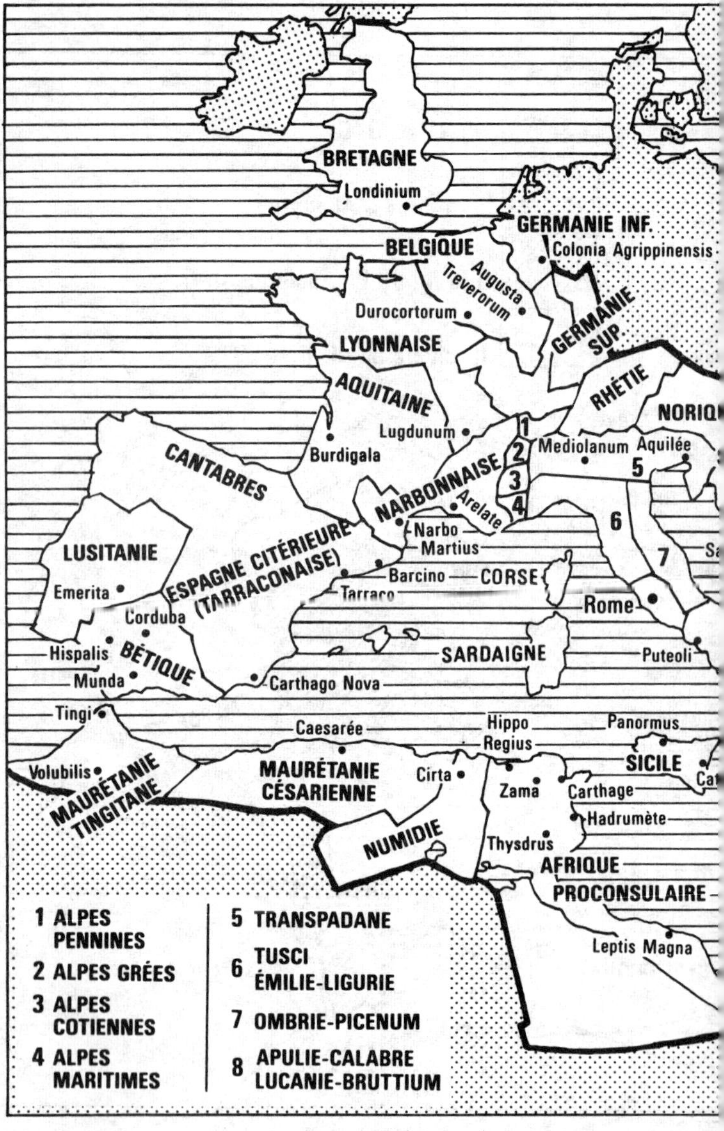

BRETAGNE
Londinium
GERMANIE INF.
Colonia Agrippinensis
BELGIQUE
Augusta Treverorum
Durocortorum
GERMANIE SUP.
LYONNAISE
AQUITAINE
RHÉTIE
NORIQ
Lugdunum
Burdigala
CANTABRES
Mediolanum
Aquilée
NARBONNAISE
Arelate
Narbo Martius
LUSITANIE
ESPAGNE CITÉRIEURE (TARRACONAISE)
Barcino
CORSE
Emerita
Tarraco
Rome
Corduba
Hispalis
BÉTIQUE
SARDAIGNE
Puteoli
Munda
Carthago Nova
Tingi
Caesarée
Hippo Regius
Panormus
Volubilis
MAURÉTANIE TINGITANE
MAURÉTANIE CÉSARIENNE
Cirta
Zama
Carthage
SICILE
Hadrumète
NUMIDIE
Thysdrus
AFRIQUE PROCONSULAIRE
Leptis Magna
1 ALPES PENNINES
2 ALPES GRÉES
3 ALPES COTIENNES
4 ALPES MARITIMES
5 TRANSPADANE
6 TUSCI ÉMILIE-LIGURIE
7 OMBRIE-PICENUM
8 APULIE-CALABRE LUCANIE-BRUTTIUM

NNONIE
INF.
DACIE
Sarmizegetusa
LMATIE
MOÉSIE
SUP.
INF.
THRACE
MER NOIRE
Sinope
Trapezonte
BITHYNIE-
PONT
Byzance
Philippes
Thessalonique
Nicomède
GALATIE
CAPPADOCE
MACÉDOINE
Cyzique
Ancyre
ÉPIRE
Pharsale
Pergame
ASIE
Caesarée
Édesse
Nisibis
MÉSOPOTAMIE
OSRHOËNE
Nicopolis
(Actium)
Smyrne
Éphèse
LYCIE
CILICIE
Tarse
COÉLÉ
SYRIE
Antioche
Patras
Athènes
ACHAÏE
CRÈTE
CHYPRE
Émèse
Palmyre
Doura Europos
SYRIE-PHÉNICIE
MER MEDITERRANEE
PALESTINE
Cyrène
CYRÉNAÏQUE
Alexandrie
Petra
ARABIE
ÉGYPTE

TABLE DES MATIÈRES

DU MÊME AUTEUR

Les jardins romains. Essai sur le naturalisme romain, Paris, De Boccard, 1944, 3e éd., Fayard, 1984.

Dictionnaire de la mythologie grecque et romaine, Paris, PUF, 1951, 5e éd., 1976.

La mythologie grecque, Paris, PUF, 14e éd., 1990, coll. « Que sais-je ? », n° 582.

Le siècle des Scipions, Rome et l'hellénisme au temps des guerres puniques, Paris, Aubier, 2e éd., 1975.

L'art des jardins, Paris, PUF, 1954, 3e éd., 1974, coll. « Que sais-je ? », n° 618.

Les villes romaines, Paris, PUF, 5e éd., 1977, coll. « Que sais-je ? », n° 657.

Horace, Paris, Éditions du Seuil, 1958.

Italie retrouvée, Paris, PUF, 1979.

Nous partons pour Rome, Paris, PUF, 3e éd., 1977.

L'amour à Rome, Paris, Belles-Lettres, 2e éd., 1979.

Mythologies, 2 vol., Paris, Larousse, 1964.

Études de chronologie cicéronienne, Paris, Belles-Lettres, 1967.

Essai sur l'Art Poétique d'Horace, Paris, SEDES, 1968.

Les mémoires de T. Pomponius Atticus, Paris, Belles-Lettres, 1976.

« La Guerre Civile » de Pétrone dans ses rapports avec la Pharsale, Paris, Belles-Lettres, 1977.

Le lyrisme à Rome, Paris, PUF, 1978.

Sénèque ou la conscience de l'Empire, Paris, Belles-Lettres, 1978 ; et Paris, Fayard, 1991.

Le théâtre antique, Paris, PUF, 1978, coll. « Que sais-je ? », n° 1732.

Le Quercy de Pierre Grimal, Paris, Arthaud, 1978.

Le siècle d'Auguste, Paris, PUF, 1965, coll. « Que sais-je ? », n° 676.
La littérature latine, Paris, PUF, 1965, 2e éd. 1972, coll. « Que sais-je ? », n° 327.
La vie à Rome dans l'Antiquité, Paris, PUF, 1967, coll. « Que sais-je ? », n° 596.
Histoire mondiale de la femme, 4 vol., Paris, Nouvelle Librairie de France, 1965.
Jérôme Carcopino, un historien au service de l'humanisme, Paris, Belles-Lettres, 1981 (en collaboration avec Cl. CARCOPINO et P. OURLIAC).
Sénèque, Paris, PUF, 1981, coll. « Que sais-je ? », n° 1950.
Rome, les siècles et les jours, Paris, Arthaud, 1982.
Virgile, Paris, Arthaud, 1985.
Cicéron, Paris, Fayard, 1986.
Les erreurs de la Liberté, Paris, Belles-Lettres, 1989.
Le merveilleux voyage d'Ulysse, roman, Paris, Rocher, 1990.
Rome. La littérature et l'histoire, 2 vol., École française de Rome, 1986.
Tacite, Paris, Fayard, 1990.
Marc Aurèle, Paris, Fayard, 1991.
Mémoires d'Agrippine, Paris, Éditions de Fallois, 1992.

Cartes Joël Bordier.

IMPRIMÉ EN FRANCE PAR BRODARD ET TAUPIN
Usine de La Flèche (Sarthe).
LIBRAIRIE GÉNÉRALE FRANÇAISE - 6, rue Pierre-Sarrazin - 75006 Paris.
ISBN : 2 - 253 - 06486 - 6 42/0506/8